制度型开放背景下中国自由贸易试验区外商投资促进制度创新研究

余贺伟 著

中国财经出版传媒集团
中国财政经济出版社
·北京·

图书在版编目（CIP）数据

制度型开放背景下中国自由贸易试验区外商投资促进制度创新研究／余贺伟著． -- 北京：中国财政经济出版社，2025.6． -- ISBN 978-7-5223-3945-0

Ⅰ．F832.48

中国国家版本馆 CIP 数据核字第 20250PC413 号

责任编辑：孙　琛　　　　　　　责任校对：张　凡
封面设计：王　颖　　　　　　　责任印制：党　辉

制度型开放背景下中国自由贸易试验区外商投资促进制度创新研究
ZHIDUXING KAIFANG BEIJINGXIA ZHONGGUO ZIYOU MAOYI SHIYANQU
WAISHANG TOUZI CUJIN ZHIDU CHUANGXIN YANJIU

中国财政经济出版社 出版

URL：http：//www.cfeph.cn

E-mail：cfeph@cfeph.cn

（版权所有　翻印必究）

社址：北京市海淀区阜成路甲 28 号　邮政编码：100142

营销中心电话：010-88191522

天猫网店：中国财政经济出版社旗舰店

网址：https：//zgczjjcbs.tmall.com

涿州汇美亿浓印刷有限公司印刷　各地新华书店经销

成品尺寸：170mm×240mm　16 开　12.5 印张　200 000 字

2025 年 6 月第 1 版　2025 年 6 月河北第 1 次印刷

定价：58.00 元

ISBN 978-7-5223-3945-0

（图书出现印装问题，本社负责调换，电话：010-88190548）

本社图书质量投诉电话：010-88190744

打击盗版举报热线：010-88191661　　QQ：2242791300

前言
Preface

自第一个自由贸易试验区2013年批准设立以来，中国自由贸易试验区已遍地开花，多头并进。时代浩浩汤汤，自由贸易试验区勇立潮头，一直是我国高水平对外开放的桥头堡和规则创新的试验田。制度型开放是我国顺应国际经贸发展新趋势的主动选择，也是促进我国经济双循环协调发展的重要路径，同时也是我国现阶段高水平对外开放的主要形式。促进外商投资是推进高水平对外开放、构建开放型经济新体制的重要内容。新形势下，通过制度创新促进外商投资高水平发展是我国自由贸易试验区实施制度型开放的重要任务。本书针对该问题展开研究，内容共分五章，具体安排如下。

第一章阐释了制度型开放与自由贸易试验区外商投资促进的基础理论。本章首先阐释了制度型开放的时代特征、内容、主要领域、实施路径和价值意义；其次介绍了自由贸易试验区制度型开放的功能定位及外商投资促进的定位。最后在阐释外商投资促进概念和范围的基础上，探讨了外商投资促进制度创新的标准和目标，即国际化营商环境标准和对标高标准经贸规则。

第二章探讨了自由贸易试验区投资便利化制度创新与完善问题。本章在阐释投资便利化属于广义投资促进范围的基础上，首先深入探讨了法律政策的平等适应与公开、公平公正待遇、透明度、公平竞争政策，以及公共服务与政务服务便利化等投资便利化各项具体制度的内涵和标准；其次梳理我国中央和自贸区两个层次的投资便利化制度创新，并探讨了存在的不足；最后针对当前现状，参考和对标国际标准，提出了投资便利化制度进一步创新的路径。

第三章探讨了自由贸易试验区特别领域投资便利化制度创新与完善问题。本章主要探讨了三个领域的投资便利化：在金融服务便利化方面，梳理了促进投资的金融服务便利化相关法律和自由贸易试验区规则，总结了自由贸易试验区相关实践，提出了相关制度创新的路径；在有关外商投资的政府采购方面，梳理了我国政府采购的法律框架、高标准国际经贸规则中有关政府采购规则的主要内容，在分析相关不足的基础上提出了制度创新路径；在促进投资便利化的标准开放方面，探讨了标准开放与国际化、我国标准开放的规则与具体实践、标准开放的国外经验，提出了自由贸易试验标准制度型开放的路径。

第四章探讨了自由贸易试验区外商投资促进措施制度创新与完善问题。本章主要讨论狭义的投资促进措施机制问题。首先分析 RCEP、CPTPP 等国际条约中的投资措施规则，以及 OECD、UNCTAD、WAIPA 等国际组织或机构倡导的投资措施；其次分析了我国国家及区域层面法律制度中的投资促进措施与规则，以及印度、越南等国家的典型投资促进措施与规则；最后提出了自由贸易试验区外商投资促进措施制度创新路径。

第五章主要探讨了自由贸易试验区外商投资激励制度创新与完善问题。本章首先探讨了外商投资激励的作用、种类、制定外商投资激励政策的考虑标准等基本问题；其次探讨了国际经贸规则对投资激励措施的约束、实践中一些国家采取的投资激励措施；最后分析了中国自由贸易试验区外商投资激励措施规则存在的不足，并提出了制度型开放的建议。

在制度型开放背景下，中国自由贸易试验区通过各个领域的制度创新，促进高水平外商投资发展，实现"双循环"经济发展目标，既大有可为，也任重道远。

目录
Contents

第一章　制度型开放与自由贸易试验区外商投资促进 …………… 1
　　第一节　制度型开放理念内涵及价值意义 ……………………… 1
　　第二节　自由贸易试验区制度型开放的功能定位 ……………… 11
　　第三节　自贸区的外商投资促进定位 …………………………… 14
　　第四节　外商投资促进的概念与范围 …………………………… 18
　　第五节　外商投资促进制度创新标准之国际化营商环境 ……… 26
　　第六节　外商投资促进制度创新目标之对标高标准国际经贸规则 …… 37
　　本章小结 …………………………………………………………… 43

第二章　中国自由贸易试验区投资便利化制度创新与完善 ……… 44
　　第一节　高标准投资便利化国际规则的主要内容 ……………… 44
　　第二节　自贸区外商投资公平公正待遇制度现状及其创新完善 …… 56
　　第三节　自贸区外商投资领域透明度规则现状及其创新完善 … 63
　　第四节　自贸区竞争政策制度现状及其创新完善 ……………… 66
　　第五节　自贸区政务服务与公共服务便利化制度创新 ………… 75
　　本章小结 …………………………………………………………… 86

第三章　中国自由贸易试验区特别领域投资便利化制度创新与完善 …… 88
　　第一节　促进外商投资的金融服务便利化制度创新 …………… 88
　　第二节　自贸区有关外商投资的政府采购制度创新与完善 …… 95
　　第三节　促进投资便利化的标准开放制度创新 ………………… 106
　　本章小结 …………………………………………………………… 118

第四章　中国自由贸易试验区外商投资促进措施制度创新与完善 …… 119
　　第一节　国际经贸规则中的投资促进措施规则 …………… 119
　　第二节　其他国家典型投资促进措施框架与机制 ………… 129
　　第三节　自贸区外商投资促进措施规则及不足 …………… 137
　　第四节　自贸区外商投资促进措施制度创新与完善 ……… 148
　　本章小结 ………………………………………………………… 151

第五章　中国自由贸易试验区外商投资激励制度创新与完善 …… 152
　　第一节　外商投资激励措施概述 ……………………………… 152
　　第二节　国际条约有关投资激励措施的规则及特点 ……… 161
　　第三节　投资激励措施的国别考察 …………………………… 165
　　第四节　自贸区外商投资激励现状及完善 ………………… 181
　　本章小结 ………………………………………………………… 183

参考文献 ……………………………………………………………… 185

第一章　制度型开放与自由贸易试验区外商投资促进

自由贸易试验区（以下简称"自贸区"）自成立以来已经成为中国对外开放的"桥头堡"和规则创新的"试验田"。制度型开放是升级版自由贸易试验区建设的新要求。促进外商投资仍然是我国自贸区建设的主要目标之一。本章将在阐释制度型开放、自贸区建设、外商投资促进基本概念内容的基础上，阐释三者之间的关系，为之后具体分析各项投资促进制度创新厘清理论基础与思路。

第一节　制度型开放理念内涵及价值意义

制度型开放从理念提出，到成为党和国家发展的重大政策，并成为高水平对外开放的基本要求，其内涵是逐渐发展完善起来的，并在实践中继续完善发展。

一、制度型开放的提出

2018年中央经济工作会议首次使用了制度型开放的理念，提出"要推动由商品和要素流动型开放向规则等制度型开放转变"。之后，2020年，中共中央、国务院《关于新时代加快完善社会主义市场经济体制的意见》明确提出："坚定不移扩大开放，推动由商品和要素流动型开放向规则等制度型开放转变，吸收借鉴国际成熟市场经济制度经验和人类文明有益成果，加快国内制度规则与国际接轨，以高水平开放促进深层次市场化改革。"该文件较为详细地阐释了制度型开放的目标与要求，即吸收借鉴国际成熟市场经济制度经验，推动国内制度与国际规则接轨，以高水平开放促深层次市场改革。2021年中央经济工作会议再次强调将推动制度型开放作为推动高水平对外开放的重要抓手。

2022年党的"二十大"之后,"制度型开放"成为高水平对外开放的重要政策内容。2022年党的二十大报告明确提出"稳步扩大规则、规制、管理、标准等制度型开放",将制度型开放理念制定为党和国家今后发展的重要政策。2024年党的二十届三中全会通过的《中共中央关于进一步全面深化改革、推进中国式现代化的决定》系统化提出了制度型开放的具体内容:一是具体化对接国际高标准经贸规则的内容与方法,在产权保护、产业补贴、环境标准、劳动保护、政府采购、电子商务、金融领域等方面实现规则、规制、管理、标准相通相容,打造透明稳定可预期的制度环境;二是扩大自主开放,在扩大我国商品市场、服务市场、资本市场、劳务市场等领域对外开放的同时,扩大对最不发达国家单边开放;三是深化援外体制机制改革,实现全链条管理;四是维护以世界贸易组织为核心的多边贸易体制,积极参与全球经济治理体系改革与规则制定;五是扩大面向全球的高标准自由贸易区网络,建立同国际通行规则衔接的合规机制。

二、制度型开放的时代特征

进入新时代以来,国际关系发生了深刻变化,国际经贸形式也在剧烈变化之中,而我国也进入了国内国际双循环发展格局。制度型开放是顺应新形势的主动选择和重要路径。

(一)制度型开放是中国顺应国际经贸新形式的主动选择

进入21世纪以来,伴随着生产的国际化发展,制造业不受地理位置限制在全球展开,形成了"全球价值链"(Global Value Chain,GVC),生产过程更加垂直化和专业化。产品内分工成为国际分工的主要模式,从贸易和投资的角度而言,国际范围内的贸易已不是简单的货物贸易或单纯的服务贸易,而是在货物全球流动的同时,与之相伴随的投资、服务、知识产权、技术人员和管理人员等多要素混合的全球分配和跨境流动,形成了"贸易—服务—投资—知识产权"为链接纽带的"供应链贸易"(Supply-Chain Trade)。在"全球价值链生产"和"供应链贸易"模式中,需要处于不同国家的生产能够实现无缝和低成本的可靠点对接,同时产品分享则在跨国间开展。因此,其所需的规则必须能够确保货物、资本、知识和人员的自由流动，同时要在全世界范围内保护有形和无形的财产①。这就要求国际经贸规则和处于"全球价值链"和"供应链贸易"上国家的国内规则的无缝接轨。这种新的国际经贸形式要求以更高水平的标准对外实施改革开放，即需要围绕国内规则、规制、管理、标准等实施制度型开放。从另一角度而言，制度型开放也是我国应对美、日、欧制度竞争的必然选择。从国际经贸领域的竞争来看，大国的竞争越来越体现为规则的竞争。事实上，早在 TPP 谈判之际，美国就一直强调要抢占 21 世纪国际规则制定的制高点。2018 年的《美墨加协定》（USMCA）、日本—欧盟《经济合作伙伴关系协定》（EPA）等大幅提升规则标准和扩大范围，涉及知识产权、电子商务、国有企业、竞争中立、环境保护、劳工标准、反腐败等大量新规则。近年来，美国一直促成"亚太经济框架"谈判，继续提高国际经贸规则标准，这些高标准强化了美、日、欧在区域价值链中的绝对优势地位②。同时，当前的"反全球化"和单边主义也往往以规则或制度壁垒的形式出现。例如，近年来美国、欧盟、加拿大等国家和地区或出台法案或通过行政禁令限制或禁止 TIKTOK（抖音国际版）在本国或本地区的运营和发展。实质上而言，"反全球化"和单边主义并没有改变规则与制度竞争的未来发展趋势。因此，面对发达国家的规则竞争，大力推动制度型开放，加快与高标准国际经贸规则的对接，并及时提供国际规则公共产品，是我国参与全球价值链重构和全球治理必然选择。

（二）制度型开放是促进"国内国际双循环协调发展"的重要路径

当前，中国提出构建"以国内大循环为主，国内国际双循环相互促进的新发展格局"的经济发展新路径。这是更好发挥我国超大规模市场优势，提升我国经济发展水平，重塑我国参与国际合作和竞争新优势的战略选择，是事关全局的系统性、深层次变革。制度型开放通过与国际规则的无缝衔接，排除国际循环的壁垒障碍，能够有力促进国际循环。以国内市场为主的"内

---

① 余贺伟. 国际贸易形式变化与全球贸易法治：从 WTO 到 TPP [J]. 亚太经济，2016 (6)：43 - 49.

② 熊芳，童伟伟. 新时代我国制度型开放变革的进展与进路 [J]. 经济学家，2024 (1)：99 - 107.

循环"则需要聚焦影响产业高质量发展的深层次问题,破除各种体制机制障碍,弥补产业发展短板,激发市场主体活力,更好地聚集全球各类优质生产要素,进而以国内大循环吸引全球资源要素。根据国内循环产业特点制定促进国内循环制度机制和量身定制开放制度,不仅是制度型开放的内在要求,也是"双循环"战略对产业开放的客观要求。制度型开放不仅使外循环的空间扩大、制度成本降低,也可使内循环在更大空间内实现优化,更好地利用外部市场和资源。从此意义上讲,制度型开放能够有效促进国内国际双循环协调发展[1]。

(三) 制度型开放具有"系统性"和"双向流动性"

制度型开放领域范围广泛,既包括传统贸易投资领域,也包括新兴的电子商务、数字贸易、知识产权等领域,还包括环境保护、政府采购、国有企业、劳工保护等相关领域。从深度上讲,制度型开放不仅是海关等"边境规则"的开放,更是"边境后规则"的开放。货币、汇率、市场准入等是基础的边境开放规则,而政府采购、竞争中立、环境保护、劳工标准等是涉及国内经贸政策制度的深层要求,是传统上纯粹的国内因素[2]。从范围上讲,不仅是传统上规则的开放,更包括各个领域的制度、管理、标准的深度开放;既包括对标国际规则进行国内各个领域的深化改革,又包括对接国际规则扩大对外开放,是一项复杂的系统工程。制度型开放不仅是国际规则的国内对接和内化,也是国内规则的国际化与多边化[3],同时也是国内规则与供应链国家规则的对接融通。例如,在"一带一路"倡议建设中,我国制度型开放不仅包括依据国际规则及国际化营商环境进行规则创新,也包括积极参与国际规则的制定,以及和相关国家经贸规则、管理、标准的相互融通。

三、制度型开放的内涵

制度型开放的内涵在国内并没有形成统一的定义。李大伟将制度型开放

---

[1] 冯圆. 制度型开放背景下自贸试验区环境保护机制与实施路径研究 [J]. 清华大学出版社, 2022: 51-52.
[2] 郭贝贝, 董小君. 新发展格局下制度型开放的逻辑、内涵和路径选择 [J]. 行政管理改革, 2022 (4): 76-84.
[3] 陈琪, 管传靖, 金峰. 规则流动与国际经济治理——统筹国际国内规则的理论阐释 [J]. 当代亚太, 2016 (5): 12-21.

的内涵定义为:"在具有较强外溢效应的相关体制机制领域将本国相关规则和国际通行规则,特别是发达国家的高标准规则进行对标,在此基础上实施一系列系统性的制度创新措施,有效促进中国和世界经济高质量安全有序融合的对外开放战略。"[①] 依据该定义,制度型开放目的是确保中国高水平对外开放政策的稳定性和系统性;强调对各个经济领域进行全方位系统性的制度设计,强调我国国内规则与国际规则及供应链国家规则的正向溢出、对接和融合,全方位实现各个领域深化改革和扩大开放的有机融合。依据党的二十大和二十届三中全会文件,制度型开放主要包括三个方面。

一是有关国内规则与国际规则、相关国家规则的接轨与融通,同时包括积极参与国际规则、区域规则的制定,形成产业链融通的国际国内一体化规则体系。这里的规则既包括一般意义上的法律、行政法规、地方性法规,也包括各类执行性规则,同时也包括国内的惯例性规则。

二是各级政府管理和规制国内外经贸的制度体制机制符合国际化标准,并和产业链相关国家实现制度、机制的相通融。规制是指各主权国家、跨国公司和相关国际性组织对国际及国内经贸活动进行干预、管理和协调而形成的一整套国际国内经贸规则和制度[②]。一国国内规制通常会对国际经贸实施某种限制,一般而言,此类限制通过增加企业主体进出口成本及其他投入成本,进而形成非关税的规制壁垒。根据世界经济论坛、世界银行发布的《有助于贸易价值增长的机会》,降低全球价值链有关环节的规制壁垒对国际贸易的影响远远超越关税壁垒的影响。规制开放能够有效提高国际经贸的效率,促进经济增长。管理开放就是推进和实现规则、规制和标准开放所采取的有关保障及监管措施等方面与国际接轨。

三是各类产业的标准与国际标准、区域标准的接轨和融通。标准通常是指衡量事物的准则,制度型开放所指的标准则是经协商一致制定并由公认机构批准,共同使用和重复使用的一类规范性文件。标准开放指企业(产业)标准体系的开放,是通过国际产业标准的内化及国内产业标准的国际化,消除商品、信息等要素跨境流动的标准障碍,实现各类要素的自由流动。

---

① 国家发展改革委对外经济研究所课题组. 中国推进制度型开放的思路研究 [J]. 宏观经济研究, 2021 (2): 125 – 135, 148.

② 郭澄澄. 制度型开放引领高质量发展——基于规则、规制、标准和管理开放的视角 [J]. 理论探索, 2024 (1): 121 – 128.

四、制度型开放的主要领域

制度型开放既关涉传统的经贸领域，也关涉新兴贸易领域和新议题，具体主要包括以下几个领域。

（一）传统贸易与投资领域

国际贸易和投资是传统上国际贸易规则构建的重点。在国际贸易领域，中国自2001年加入WTO时起就开始了开放的制度化建设。我国为了与WTO的具体规则相适应，废改立了千余部法律、行政法规、地方性法规、部门规章及地方性规章。我国针对国际投资领域，与许多国家签订了双边投资协定，以及在众多的贸易协定中加入有关投资条款。而在国内领域，除了制定国家层次的《外商投资法》《优化营商环境条例》，在地方层次既有地方的《优化营商环境条例》，也有自由贸易试验区规则创新，使我国在传统贸易与投资领域的开放已经处于相当高的水平，并制定了一系列开放制度及规则。尽管我国在贸易与投资领域对接高标准国际经贸规则成果丰硕，但还存在很大的提升空间。在货物贸易领域，关税税率仍有进一步降低空间，通关制度及监管规则等贸易自由化和便利规则、规制、管理仍有很大的提升空间。在服务贸易领域开放范围不大，相关规制和标准开放还较少。例如，在现代服务领域对外资的准入方面，限制性措施仍然较多；而在跨境服务便利化方面，市场准入仍存在较高门槛。在投资领域，与投资相关的规则、规制、管理等制度与高标准国际规则还存在相当大的差距，例如服务行业投资仍有诸多限制；而对外直接投资的促进、规制和管理仍处于初级阶段。

（二）数字贸易、环境、知识产权等新兴领域

作为新兴的国际贸易领域，我国的数字贸易在近年来有着迅猛的发展，但我国在数字贸易规则、规制、管理及标准与国际高标准数字贸易规则存在巨大差异。例如，在数字贸易范围界定方面，我国更关注跨境电子商务形式，而国际经贸规则及发达经济体更多关注"数字产品"的跨境流动。在数字自由流动方面，国际经贸规则更强调数据的自由流动，而我国法律更强调数据安全。在我国"数字产品"出口规模越来越大的情况下，数字贸易领域的制

度型开放显得尤为必要。在环境保护方面,自 TPP 谈判开始,国际经贸规则逐渐重视国际经贸活动中的环境保护,植入了大量的环境保护条款,但同时强调各国环境保护规则、制度等的稳定性和透明度。近十年来,尽管我国在环境保护及规则建设方面取得了巨大成就,但我国的相关法律、规则及标准与国际经贸规则存在较大差异。在知识产权方面,在知识产权保护的强度、范围及完整性方面仍与高标准经贸规则存在差异。例如,CPTPP 将气味商标纳入知识产权保护,RCEP 则将地理标志、域名等纳入保护范围[①]。

(三) 国有企业、劳工保护等新议题领域

近十年来,一些发达国家为抢占国际竞争制高点,积极推动国际经贸规则的重构,不断将一些如国有企业、政府采购、劳工保护等新议题植入国际经贸规则的制定之中。从美、欧、澳、日、韩等国家参与的双边及多边自由贸易协定来看,这些新议题规则基本上已经被普遍接受。但我国的相关规则与这些国际经贸新规则之间存在较大差异。例如,有关国有企业的相关国际经贸规则,基于市场经济理念,强调"竞争中立"原则,而我国的国有企业相关规则强调中国的国有企业参与重大战略任务、提供公共服务的功能;在政府采购相关规则领域,国际规则强调全领域开放、公平竞争、规则程序透明等,而我国有关规则并没有与之相接轨。在劳工保护方面,新的国际经贸规则强调全产业链劳工权利保护,我国相关规则同样与这些规则存在差距。

(四) 行业规则、行业标准等领域

传统上来讲,国际经贸规则主要关注市场准入、边境措施、国内待遇等方面,较少关注一国某一具体行业的规则、规制及标准问题。但当前的国际经贸往来实践则证明,行业规则、行业标准已成为外商企业在中国开展经贸业务的重要制约因素。我国在各类行业标准方面,无论是其制定,还是标准的输入及输出方面均存在很大不足。例如,在标准制定方面,国际上一般采用专家以个人身份从技术层面参与标准的论证与制定,我国现在并没有采取

---

① 王晓红. 加入 CPTPP:战略意义、现实差距与政策建议 [J]. 开放导报, 2022 (1):7-21.

这一做法；在标准输入方面，我国将国际标准内化为国内行业标准、地区标准方面还有很长的路要走；在标准输出方面，除了我国资金参与的项目之外，国外项目几乎不用中国的标准，即使有中国资金参与的项目，也不是全部都能采用中国的标准。在行业规则层面，中国在金融、农业、专业服务业等领域的规则与相关服务业发达国家的行业规则也存在很大不同，这种情况，无论是对我国服务业开放，还是我国服务业走出去，都会造成某种程度的限制①。

五、制度型开放的路径

（一）对标高标准国际经贸规则实施体系化制度创新

当前正在重构和发展形成中的高标准经贸规则，是当前和未来一定时期内在全球范围普遍通行的国际经贸规则。制度型开放是实施充分利用全球资源要素的根本要求，也是深度融入全球产业价值链和贸易供应链的制度保障②。制度型开放的关键是密切跟踪全球投资、贸易及新兴领域高标准经贸规则创新及其发展趋势，既要积极采用和实践当前通行规则，也要把握国际经贸实践及发展趋势，主动参与国际经贸规则创新，及时将高标准国际经贸规则内化为国内制度体系。具体说来可从三个方面实施：一是对标国际经贸规则，以建立国内统一市场、国际国内资源禀赋自由流动为目标，完善优化现有制度规则，制定创新各类制度、规则、标准，形成深度开放的制度体系；二是全面落实"准入前国民待遇+负面清单"制度，持续推进贸易投资便利化、监管便利化、规制规范化制度创新，形成促进生产要素自由流动的双循环深度开放制度保障体系；三是紧盯全球产业链和贸易供应链发展变动，以深度嵌入、积极引导全球产业链和贸易供应链重构为目标，依托双边、多边自由贸易区建设及"一带一路"融合发展，参与高标准经贸规则适用和新规则的制定，构建公正合理的国际经贸新秩序。

---

① 国家发展改革委对外经济研究所课题组. 中国推进制度型开放的思路研究 [J]. 宏观经济研究，2021（2）：125-135+148.

② 郭贝贝，董小君. 新发展格局下制度型开放的逻辑、内涵和路径选择 [J]. 行政管理改革，2022（4）：76-84.

(二) 依托自由贸易试验区实施制度创新试验

制度型开放作为一个系统工程，是一个不断试错、不断完善，逐步推进的过程。因此，制度型开放需要载体和依托保障制度创新的循序渐进与逐步完善。我国自 2013 年起实施的自由贸易试验区（以下简称自贸区或中国自贸区）建设是我国对外开放的重要平台①。从实践来看，自贸区既是我国对接国际经贸规则进行压力测试的试验区，也是对接国际经贸规则的制度创新试验区。在新时期，自贸区的升级建设，将成为制度型开放的试验区。2023 年 6 月，国务院印发《关于在有条件的自由贸易试验区和自由贸易港试点对接国际高标准推进制度型开放的若干措施》（以下简称《若干措施》），明确将有条件的自贸区推进制度型开放试验作为进一步建设的重点，同时授权一些条件成熟的自贸区，例如上海自贸区、海南自由贸易港可通过自身建设与制度创新，形成可复制、可推广的制度型开放成果，为全国范围内形成与国际接轨的、体现高水平制度型开放制度体系提供经验。

(三) 以集成化制度创新扩大重点领域深度开放

制度型开放是高水平的深度开放，不仅是所有开放领域的制度建设，更是重点领域的深度开放。在当前我国对外开放四十余年已积累了相当多成果的情况下，货物贸易、一般制造业等已开放领域的持续开放难以显著促进经济增长。以开放促改革、促发展的制度型开放需要在投资、贸易、金融、创新等重点领域深化体制机制改革②，突出制度创新的集成化。根据国务院相关文件，重点领域制度型开放包括：一是在货物贸易领域，扩大再制造产品进口制度创新，进一步扩大免征关税范围，进一步提升海关通关便利化水平。二是在服务贸易与金融领域，建立扩大外资金融机构业务范围的体制机制，保障金融数据跨境流动的机制，优化跨国公司跨境资金集中运营管理，按照

---

① 从国际上通行的实践来看，自由贸易港是自由贸易试验区发展的更高形式，本书不再将自由贸易港作为独立于自由贸易试验区的一种形式来讨论。

② 习近平在 2023 年中央全面深化改革委员会第二次会议上强调，建设更高水平开放型经济新体制是我们主动作为以开放促改革、促发展的战略举措，要围绕服务构建新发展格局，以制度型开放为重点，聚焦投资、贸易、金融、创新等对外交流合作的重点领域深化体制机制改革，完善配套政策措施，积极主动把我国对外开放提高到新水平。

内外一致原则简化监管程序；建立促进电信服务开放的体制机制。三是在数字贸易领域，建立促进和保护数据跨境流动、数据安全、数字技术应用、数据开放共享和治理的体制机制。四是在投资领域，建立扩大市场准入、提高外商投资自由化水平的规则体系；促进外商投资的政策制度体系及畅通创新要素流动的规制体系和标准开放体系①。

（四）以优化营商环境为抓手促进规制、管理开放

营商环境是指企业等市场主体在市场经济活动中所涉及的体制机制性因素和条件。营商环境的好与坏直接关系到市场主体是否可以自由利用各种资源要素，发挥自身创造力，充满活力开展生产经营活动，从而促进经济增长。营商环境建设的重点在于通过优化市场规制、管理及服务等方面的法律制度体制，消除障碍实现市场主体经营活动的自由化和便利化。在市场准入之后，营商环境的好坏则成为跨国贸易投资主体是否有意愿在东道国开展经贸活动的主要考量。2023 年以来，中央出台的有关制度型开放的重要文件皆重点强调了对标国际先进水平，营造国际化一流营商环境中的重要保障作用。例如，国务院 2023 年的《关于在有条件的自由贸易试验区和自由贸易港试点对接国际高标准推进制度型开放的若干措施》将加大优化营商环境力度作为自贸区（港）制度型开放试点的主要措施之一。国务院《扎实推进高水平对外开放更大力度吸引和利用外资行动方案》将"营造市场化、法治化、国际化一流营商环境"作为"提升贸易投资合作质量和水平"重要手段。

六、制度型开放的政策价值与方法论意义

制度型开放具有重要的政策价值与方法论意义：一方面，制度型开放具有政策价值。制度型开放是在我国商品与资本等要素开放方面已达到较高程度、新的国内外经贸形势要求更高标准改革开放之际，提出的促进国民经济

---

① 参见国务院 2023 年 6 月 29 日颁布《关于在有条件的自由贸易试验区和自由贸易港试点对接国际高标准推进制度型开放的若干措施》（国发〔2023〕9 号）；2023 年 12 月 7 日颁布《全面对接国际高标准经贸规则推进中国（上海）自由贸易试验区高水平制度型开放总体方案》（国发〔2023〕23 号）；2024 年 3 月 19 日颁布《扎实推进高水平对外开放更大力度吸引和利用外资行动方案》（国办发〔2024〕9 号）。

国内国际双循环发展的重要政策。当前和今后一定时期内，无论是自贸区建设，还是地方经济发展、制度规则制定、对外经济合作等方面都要执行制度型开放政策。作为政策要求，中央和地方需要制定完善的政策制度体系，同时需要建立保障实施的体制机制。另一方面，制度型开放具有方法论意义。制度型开放的理念内涵、重点领域、实施路径是中央和地方各个领域高水平开放型的指导原则和方法路径遵循，具有实践指导的方法论意义。

第二节　自由贸易试验区制度型开放的功能定位

一、中国自贸区的设立与布局

自由贸易试验区，有些国家称之为自由贸易区（Free Trade Zone）、工业自由区（Industrial Free Zone）、自由出口区（Free Export Zone）等，并没有形成统一的定义。联合国贸发会报告（1984），将自由贸易试验区定义为货物进出无须经过国家海关的区域，此类区域主要用于储存和贸易、制造、加工和组装业务；货物进入自由区可不缴纳关税或受配额的限制。世界银行（1992）将自由贸易试验区定义为一个有明确界限的地理区域，区域内的出口加工企业或其他企业享受进行自由交易和免于监管的环境。我国有学者将自由贸易区或自由贸易试验区定义为，一个产业区域，可以为投资者提供境外的场所，比较优越的商业基础配套，更加宽松的营商环境，具有吸引力的税收减免或其他政策支持[①]。最近几十年内，无论是发达国家还是发展中国家都将自贸区作为一项重要的经济政策。早在20世纪70年代，世界上只有几个国家允许设立自由贸易园区，之后自由贸易区快速增长，到了1999年，世界上有116个国家或地区设立超过了3000个自由贸易园区。21世纪以来，世界上设立的自由贸易园区更多。

2013年9月，党中央、国务院决定设立上海自贸区，开启了我国"引进来、走出去"改革开放的新试验。根据我国对外开放实际，我国于2014年分别在广东、天津、福建设立了自贸区，之后于2016年8月在辽宁省、浙江

---

① 陆剑宝. 中国自由贸易试验区制度创新体系理论研究［M］. 广州：中山大学出版社，2018：4.

省、河南省、湖北省、重庆市、四川省、陕西省新设立 7 个自贸区。截至 2023 年 12 月,我国共设立了 22 个自贸区,并于 2020 年 6 月在海南自由贸易港基础上设立海南自由贸易港。当前,我国逐渐完成了针对日韩、面向"一带一路"国家的从沿海发达地区、到中西部地区的自贸区布局。在前期试验成果的基础上,上海、广东、河南等自贸区提出自贸区升级建设方案,逐渐向更为开放的自由贸易港靠拢。

二、制度创新与制度型开放是自贸区建设的核心内容

从提出"制度创新"与"制度型开放"的时间逻辑来看,制度型开放是制度创新的升级版,是制度创新的集成化与体系化。正如上文所述,自贸区将对标高标准经贸规则作为自贸区设立的主要目标,而实现该目标的关键抓手就是制度创新和制度型开放。制度创新与制度型开放新体系建设既是自贸区(港)建设的主要内容,也是试验成败的关键。这一点在中央对我国各自贸区建设的文件要求中有充分的体现。例如,《中国(上海)自由贸易试验区条例》第 4 条规定,"本市推进自贸试验区建设应当聚焦制度创新的重点领域和关键环节,充分运用现行法律制度和政策资源,改革妨碍制度创新的体制、机制,不断激发制度创新的主动性、积极性,营造自主改革、积极进取的良好氛围";《中国(河南)自由贸易试验区 2.0 版建设实施方案》(2023)则将"以制度创新为核心,以可复制可推广为基本要求,加快构建现代产业体系,为实施制度型开放战略探索新路径、积累新经验"作为总体要求的一项重要内容;其他自贸区同样将"以制度创新为核心,以可复制可推广为基本要求"作为自贸区建设的基本要求。

实践证明,我国自贸区之所以在双循环协调发展和高水平对外开放中成效显著,制度创新在其中发挥了关键作用和"头雁"效应。十年来,我国各自贸区通过深化重点领域、关键环节改革和先行先试,取得了一大批高质量可复制的制度创新成果并向全国推广应用。数据显示,截至 2022 年末,我国 21 个自贸区共推出改革举措 3400 多项,面向全国复制推广的制度创新成果达 302 项[①]。正是这些先行先试的制度型开放举措与制度创新成果,为企业

[①] 金观平. 更好发挥自贸试验区示范作用 [M]. 经济日报,2023:9,27.

和各类市场主体提供了便利化的投融资和经营发展有利环境，大大降低了企业对外贸易投资的交易成本、时间成本，对企业开拓国际市场，积极用好国际国内两个市场、两种资源，构建我国新发展格局和推进高质量发展起到了重要作用①。

三、对标国际标准是自贸区制度型开放建设的主要目标

当初，我国建立自贸区的初衷就是为对应对国际经贸规则变化提供压力测试。自WTO成立以来，国际社会形成了以约束边境措施为核心的多边经贸规则体系，这个体系以乌拉圭回合系列协议为主要内容。虽然WTO也进行了多轮的规则制定谈判，但规则制定长期处于停滞状态。近年来，面对全球价值链经济发展带来的国际产业竞争与合作的重大变化，欧美等发达国家拟通过在更广阔领域打造更高标准的国际经贸规则，抢占全球竞争新格局的"制高点"，实现对全球价值链生产与贸易的主导，同时将一些国家排除在其主导的全球价值链生产与贸易之外。例如，当年的跨太平洋伙伴关系协定（Trans-Pacific Partnership Agreement，TPP）、跨大西洋贸易与投资伙伴协定（Transatlantic Trade and Investment Partnership，TTIP）和国际服务贸易协定提高投资与贸易自由化便利化水平，不断置入新议题规则，重构国际经贸规则。从当前存在超大型自由贸易区（FTAs）的新规则制定来看，当前新的国际经贸规则的重构仍然以高标准贸易投资规则为核心，并增添国有企业、环境、劳工等新议题。

在此背景下，能够适应并能参与高标准国际经贸规则制定的国家，往往在全球经济发展与竞争中占据优势，进而实现本国的发展；反之，一国如果不能适应新的高水平的国际经贸规则，就有可能面临被排除在当今国际经贸体系之外的风险。为应对国际经贸规则重构的变化和高标准规则形成的压力，中国于2013年启动自贸区（港）建设的一个主要目的就是探索自贸区与国际经贸规则的接轨，进行高标准经贸规则的压力测试，将自贸区建成实践新规则的平台，促进我国在高标准经贸规则下的高水平开放和国际新规则制定

---

① 达潭枫. 以制度型开放创新为核心高标准高质量推进中国（新疆）自贸试验区建设[J]. 新疆社会科学，2024（1）：97-106，165.

的议题设置能力。实现与高水平投资规则的接轨，是自贸区制度型开放的主要目的。

第三节 自贸区的外商投资促进定位

一、外商投资的概念

所谓投资，在国际协定和国内法中，一般是指投资者直接或间接拥有或控制的具有投资特征的各类资产。投资特征包含三个要素，即承诺投入资本或其他资源、预期收益和承担风险。根据一些双边投资协定（以下简称BITs）或自由贸易协定（以下简称FTAs）的实践，投资形式一般包括：法人中的参股及由其派生的权利、法人中的债权、贷款等债务工具及由此派生的权利、合同项下的权利、知识产权和商誉、动产、不动产及其他权利等。所谓外商投资，根据联合国贸易与发展会议（以下简称UNCTAD）的定义，外商投资，是指一种涉及长期关系的投资，反映了一个经济体中居民实体对一个经济体中企业的持久利益和控制权，而不是外国直接投资者（外国附属公司）的利益和控制权。国际BITs或FTAs一般认为，外商投资是指在一缔约国领土内存在的另一缔约方投资者的投资，或被东道国接受的依法设立、获取或扩大的投资。从国家角度而言，在东道国境内进行投资的资本来源于国外的投资即属于外资。例如，我国《外商投资法》规定，"外商投资是指外国的自然人、企业或者其他组织直接或间接在中国境内进行的投资活动"。

二、外商投资对区域经济发展的积极作用

（一）促进经济增长

改革开放的实践证明，外商直接投资对中国经济的发展做出了巨大贡献[1]。研究表明，外商直接投资不仅与某一地区的经济增长具有正向相关

---

[1] 田云华，王凌峰，张建武. 中国利用外资形式对区域经济增长的影响［J］. 经济社会体制比较，2020（3）：28-39.

关系，而且能够稳定促进该地区的经济增长。首先，外商直接投资最直接的效果是弥补当地经济发展的资金不足问题，解决经济增长的投入问题；其次，外商直接投资能够促进各要素投入数量的聚集，提高要素的质量和效率，使当地资源得到有效配置①；最后，外商直接投资可以带来技术的进步，通过技术进步促进区域经济的增长，特别是经济技术较为落后的地区②。

（二）促进产业升级

外商投资能够促进某一地区的产业结构高级化。一般情况下，外商投资企业基于经济效益的考虑，往往倾向于投资某一地区具有明显或潜在比较优势的部门，而该地区则因为缺乏资金、技术、管理经验等，这些比较优势并没有得到利用。外商投资企业则有充裕的资金、成熟的技术及丰富的管理经验。外商投资于这些领域，不仅使区域的比较优势得到发挥，也升级和改善了本地区的产业结构。研究表明，高质量的外商投资往往倾向投资高技术、高附加值、知识密集型产业，能够非常显著地直接促进一个地区的产业升级；同时，外商直接投资的示范效应、前后关联效应、扩散效应以及竞争效应等，能够促使内资企业成长，间接地促进产业升级③。

（三）融入全球价值链

从实践来看，外商投资主体主要是跨国公司，而当前全球价值链建立的主导者也主要是跨国公司。跨国公司主导的产业链根据不同地区的资源禀赋和成本，在全球范围内分布其价值链环节④。如此一来，某一地区吸引外商投资者在该地投资建企业，其本身就意味着该地区融入了某一跨国公司的全球价值链。同时，跨国公司将全球产业链的一部分设置在某一地区，为实现生产目的，会将一部分技术转让给当地，或者通过产业合作及人员流动等方

---

① 江锦凡. 外国直接投资在中国经济增长中的作用机制 [J]. 世界经济, 2004 (1): 3-10.
② 桑秀国. 利用外资与经济增长——一个基于新经济增长模型及对中国数据的验证 [J]. 管理世界, 2002 (9): 53-63.
③ 金艳清. FDI 对中部地区产业升级的影响研究 [D]. 南昌: 南昌大学, 2012 (12): 43.
④ 秦庆. 全球价值链重构背景下中国引进外资的挑战、机遇与策略 [J]. 对外经贸实务, 2020 (8): 85-88.

式产生技术的溢出效应,从而提升当地产业的技术水平,产品的质量水平,促进当地产业向全球价值链中上游攀升[①]。

(四) 增加出口

首先,外商投资企业生产的产品是出口的重要组成部分。一般而言,外商投资某一地区生产的产品不是针对该地区市场的,而主要是用于出口。研究表明,外资企业的出口增长是我国贸易额上升的主要来源。其次,外资企业通过竞争效应、示范效应产生行业内水平溢出,能够促进本地企业的出口参与。最后,外资企业通过采购当地企业的下游中间产品,可促进当地下游产品的质量提升,从而提高下游中间产品的国际竞争力,扩大当地企业产品的出口规模。

此外,外商投资必然会雇佣大量的当地工人,从而促进当地的就业。

三、外商投资与自由贸易试验区建设的功能与定位

(一) 自由贸易试验区是我国保持全球价值链贸易投资优势的战略选择

自贸区建设是应对全球价值链背景下高水平吸引外资新要求的战略选择。正如上文所述,21世纪以来,生产已形成复杂的全球价值链模式,而贸易则形成了"供应链贸易"(Supply - Chain Trade)。传统上以单纯促进对外贸易和单纯地引进外资形式,难以适应全球价值链下贸易投资一体化的要求。为适应全球价值链下贸易投资一体化的新要求,我国必须实施更高水平的对外开放,适用投资贸易一体化规则,才能深层次嵌入全球价值链和贸易供应链中。党的十七大、十八大提出加快实施自由贸易区国家战略,党的十九大以来快速推进建立22个自由贸易区和1个自由贸易港,就是为了更好地应对全球生产的价值链与贸易的供应链的重构。从此意义上讲,自贸区(港)建设的一个主要目的就是在全球价值链贸易投资一体化背景下保持全球价值链贸

---

① 李磊,刘斌,王小霞. 外资溢出效应与中国全球价值链参与[J]. 世界经济研究,2017(4): 13,43-58.

易投资优势的战略选择。

(二) 实现投资自由化便利化是自由贸易试验区建设的重要内容

贸易投资的自由化和便利化是促进全球经济增长的主要动力之一。促进高水平的贸易投资自由化、便利化是当前各国积极参与双边及多边自由贸易协议，参与国际经贸规则重构的核心与重点。各国为实现本国经济发展，融入全球经济体系，在国际竞争中拥有优势，不断通过单边开放政策促进本国境内的跨国贸易投资的自由化与便利化。我国实施自贸区战略的一个核心目的即为通过规则创新在自贸区境内实现贸易投资便利化体制构建的目标。例如，《中国（上海）自由贸易试验区总体方案》的指导思想中提出"坚持先行先试，率先建立符合国际化和法治化要求的跨境投资和贸易规则体系"，建设目标中则要求"努力形成促进投资和创新的政策支持体系，力争建设成为具有国际水准的投资贸易便利、货币兑换自由、监管高效便捷、法治环境规范的自由贸易试验区"。《中国（上海）自由贸易试验区条例》则将"投资开放"作为专门章节制定规则。其他21个自由贸易试验区条例和实施方案中都有贸易投资便利化的相关章节。作为贸易投资便利化更高水平的海南自由贸易港，其建设总体方案则明确提出：到2035年基本构建以自由、公平、法治、高水平过程监管为特征的贸易投资规则，实现贸易自由便利、投资自由便利等。《中华人民共和国海南自由贸易港法》强调海南自由贸易港建设，以贸易投资自由化便利化为重点，并将投资部分明确规定为"投资自由便利"[①]。

(三) 通过制度创新促进投资是自由贸易试验区建设目标

改革开放以来，外商投资对我国经济发展做出了重要贡献。我国通过税收优惠以及在土地使用等方面给予便利等，吸引了大量的外资。但随着全球经济的发展，无论是发达国家，还是发展中国家都对引进外资高度重视，纷纷通过国内政策的调整，增强吸引外资的竞争力。我国之前单纯采取的吸引

---

① 《中华人民共和国海南自由贸易港法》第4条规定："海南自由贸易港建设，以贸易投资自由化便利化为重点，以各类生产要素跨境自由有序安全便捷流动和现代产业体系为支撑，以特殊的税收制度安排、高效的社会治理体系和完备的法治体系为保障，持续优化法治化、国际化、便利化的营商环境和公平统一高效的市场环境。"

外资的政策措施，已不适应当前国际经济重构形势下对吸引外资的要求。自贸区（港）建设目的就是通过规则创新实施高水平的制度型开放，实现投资自由化便利化，吸引高水平的外商投资，进而促进我国经济的发展。例如，《中华人民共和国海南自由贸易港法》第18条规定，"海南自由贸易港实行投资自由化便利化政策，全面推行极简审批投资制度，完善投资促进和投资保护制度"；《中国（北京）自由贸易试验区条例》第13条规定，"自贸试验区制定投资促进政策，创新招商引资方式和激励机制，完善项目调度和跟踪服务机制，建立新增市场主体、产业项目区域联动和利益共享机制，统筹招商引资工作"；《中国（新疆）自由贸易试验区总体方案》则要求深化投资领域改革，推动投资自由化便利化，提升对外投资合作水平。

第四节 外商投资促进的概念与范围

一、外商投资促进的发展及其特点

（一）外商投资促进的发展

早在20世纪70年代，一些国家就开始了投资促进活动。20世纪80年代末至90年代中期，投资促进在国家层面和国际层面引起了国际社会的重视。在国家层面，一些国家建立专门的投资促进机构，形成了系统化和专业化的投资促进机制，例如瑞典、苏格兰等。在国际层面，1995年"世界投资促进协会"（WAIPA）成立。此外，世界银行、多边投资担保机构、联合国贸易与发展会议（United Nations Conference on Trade and Development，UNCTAD）、经济合作与发展组织（Organization for Economic Co‑operation and Development，OECD）、联合国工发组织等国际经济组织在投资促进工作的实务推进和组织论研究方面，也起到了非常重要的作用[①]。进入21世纪，投资促进在国际层面更为具体化，例如，UNCTAD一直致力于强化各国投资促进能力建

---

① 王习农. 论投资促进的实践与理论发展 [J]. 商业时代，2007（8）：4–7.

设，并为各国提供政策制定、机制建设等方面的投资促进咨询服务[①]。

(二) 外商投资促进的特点

1. 从以放松管制为主转变为目标促进为主

从全球范围来看，大多数国家早期（20 世纪 60—80 年代）的外商投资促进是没有重点的一般情况下的投资促进，其目的是放松政策管制、对外资开放，为外国直接投资的进入创造条件，具体措施主要是减少外商直接投资流入的障碍、提高外国投资者待遇、推出相关的激励措施和税收减免政策。之后，随着外商直接投资的增加，许多国家改变被动开放市场的做法，根据本国产业化政策和产业化目标进行有目的的投资促进，同时注重引资政策与本国产业政策、区域政策相结合，实施多元化投资促进措施。

2. 从以活动、政策措施为主转变为以法律制度为主

早期的投资促进主要是以行业、区域营销活动和政策措施为主。然而，影响活动开展的主体与形式不同，使投资促进营销千差万别，效果也参差不齐。政策措施也同样如此，不同区域政府或者不同等级政府所采取的投资促进措施，不仅差别很大，而且可能会存在冲突。而政策本身具有易变性和不持久性，从而使投资的可预期性大大减弱，同时，政策措施也难以保证透明度。因此，随着国际资本对规则制度、东道国法治环境关注逐渐加强，许多国家采用稳定的法律形式开展投资促进成为了首要选择。

当然，当前的投资促进已不仅仅是单纯的一国国内的法律政策及措施等，随着国际经贸规则对国内法律政策及措施的深度关注，许多与外商投资有关的双边或多边协议将投资促进纳入国际协议内容。因此当前的投资促进更体现出国内国际共同协调行动的内容。

二、外商投资促进的概念

针对投资促进的概念，不同的机构或学者对投资促进的内涵和范围及具体措施有着不同的理解和侧重点。常被国内学者提及的投资促进的定义来自世界银行，该定义认为：投资促进是包括各国政府试图吸引外商直接投资所

---

① UNCTAD. Policy Advocacy in Investment Promotion, 2006.

进行的一系列营销活动,是对一国或一地区的投资环境包括资源、优势、发展潜力等要素进行包装宣传,以吸引潜在的投资者[①]。世界银行的这一解释从营销或宣传的角度定义"投资促进",将投资促进理解为投资推介与服务行为。而事实上,投资促进往往与投资便利化、投资保护、投资激励等概念重叠交叉。从国际规范文件来看,投资促进是否仅指投资推介行为,还是包括投资便利化、投资激励、投资保护中的一个或多个,存在不同的理解。接下来,我们通过对这些概念的分析,对投资促进的概念进行界定。

(一) 投资促进与投资便利化

从不同经济体之间的协议来看,投资促进是否包括投资便利化并不统一。有些协议坚持投资促进与投资便利化相互独立,例如,我国参加并已生效的《区域全面经济伙伴关系协定》(Regional Comprehensive Economic Partnership, RCEP) 在其投资章节中既规定了"投资促进",也规定了"投资便利化"。RCEP 中的投资促进仅包括"组织联合投资促进"、"促进商业配对"、"组织说明会和研讨会"、进行"投资信息交流"等活动,很显然将投资促进理解为投资推介行为。而中国大陆和台湾 2012 年签订的《海峡两岸投资保护和促进协议》(以下简称《投保协议》),从其名称来看,则坚持了投资促进包含了投资便利化。投资促进是否包含投资便利化,我们需要从以下几个方面分析。

首先,投资便利化与投资促进存在内容上的交叉重合。2008 年 5 月,亚太经济合作组织(Asia – Pacific Economic Cooperation, APEC)在《投资便利化行动计划》(Investment Facilitation Action Plan, IFAP)首次提出了单独的"投资便利化" 概念。IFAP 认为投资便利化是指政府为吸引外资,且为使在投资周期所有阶段上的管理具有最大化效率和效用而采取的一系列行为或措施。投资便利化具有广泛的范围,其核心内容是为实现投资利益最大化而允许投资高效流动。投资便利化不仅包括透明度、简约及可预测性这些重要原则,还包括稳定的投资环境、高水平的投资保护以及公正、及时的争端解决等。OECD 强调投资便利化的重点是透明、可预测、易获得的投资管理框架,高效和精简的规则和程序,促进和实现可持续发展的投资政策框架。

[①] 程进. 外商投资激励与投资促进的比较与启示 [J]. 南京财经大学学报, 2005 (5): 37 – 39, 66.

UNCTAD 将投资便利化定义为，旨在使投资者更容易建立和扩大其业务，以及在东道国开展日常业务的一系列政策和行为，便利化措施通常侧重于减轻投资的底层障碍，例如通过引入透明度和提高信息的可获得性，使行政程序更加有效和高效等①。RCEP 投资便利化条款则同时强调了促进投资信息的传播，包括投资规则、法律、法规、政策和程序，向投资者提供帮助和咨询服务，以及通过交流信息和方法，更好地便利投资。从以上内容可知，投资便利化主要是通过简化投资程序、手续，协调信息沟通，提供投资引导服务等，为投资者创造便利的、透明、可预期的投资环境。由此可知，投资便利化与投资促进内容存在交叉重叠。其次，投资促进旨在通过一系列制度或活动安排吸引潜在的投资者，而投资便利化则通过公开透明的制度设计以及简化的程序、手续和沟通，创造透明、可预期的投资环境。二者在通过便利化制度吸引潜在的投资者过程中往往同时发挥作用，很难分清彼此。最后，从各国的实践来看，促进投资便利化是各国投资促进机构当前的一项重要任务②。

因此，投资便利化应当纳入广义的投资促进范围之内较为合适。

（二）投资促进与投资激励

所谓投资激励，依据 UNCTAD1996《激励与外商投资报告》的定义，是指"政府给予特定企业或某类企业可度量的经济利益，鼓励他们以某种方式开展经营活动"③。从定义来看，投资激励是政府单一或综合采取的财政激励、金融激励以及诸如基础设施补贴的其他激励工具等措施，进行利益让渡或授予，意在对投资成本、盈利潜能、政治法律确信产生影响，激励投资者做出投资行为。二者比较而言，投资促进体现一国或一地区整体的外商投资政策，具有一般原则性和宏观性，而投资激励则侧重于针对具体的投资和投资者，具有微观性和具体性，属于投资促进范围内的具体措施④。虽然，有学者认为投资激励与狭义的投资促进从概念到表现形式都存在不同，且近年

---

① UNCTAD. Investment Facilitation：A Review of Policy Practices，2017.
② UNCTAD. Investment Facilitation：The Perfect Match for Investment Promotion，2017.
③ 程进. 外商投资激励与投资促进的比较与启示［J］. 南京财经大学学报，2005（5）：37－39＋66.
④ 张庆麟. 国际投资协定中的投资促进措施及其规制［J］. 政法论丛，2022（2）：30－42.

来为突出投资的便利化,有学者倾向于将二者在概念上相互独立,但从整体上而言,投资激励应是广义投资促进的一部分。从实践考察而言,许多国家的外商投资法将外商投资激励作为投资促进的一部分。例如,韩国1998年制定了《外国人投资促进法》就规定了税收减免等投资激励措施[1]。即使当前通过优惠措施实施外商投资激励已非吸引外资的主要方式,但法治化的外商投资激励制度仍然是各国投资促进制度的重要组成部分。

综上所述,广义上的投资促进不仅包括狭义上的投资促进,即投资推介与服务,还应当包括投资便利化和投资激励。

三、外商投资促进的范围

由于各国政治、经济及发展水平的不同,不同的国家外资促进的范围有所不同。相关国际组织由于关注点不同,所列投资促进的范围也差异很大。根据我们对投资概念的分析,投资促进的范围应当包括投资便利化、投资推荐与服务、投资激励等方面的具体范围。

(一) 投资便利化范围

投资便利化制度,也可称为一般规则上的投资促进,但其具体制度范围并没有完全确定,不同机构所列举的投资便利化范围差异较大。

1. OECD 投资便利化范围

OECD认为投资便利化应包括五个部分:(1) 简化行政管理程序以降低投资成本,简化商业注册程序和减少相关程序中腐败的机会;(2) 政府在私主体开办经营企业过程的有效沟通;(3) 政府为投资事前事中事后的服务;(4) 利用现代在线技术对投资规则与程序的公开;(5) 投资促进是否兼顾了公平等[2]。

2. UNCTAD 投资便利化范围

针对投资便利化,UNCTAD曾列举了国家促进投资便利化的行为清单。根据该清单,投资便利化应包括:(1) 促进投资政策以及与投资者相关的监管和程序的可及性和透明度;(2) 提高投资政策实施的可预测性和一致性;

---

[1] 朴雪. 外商投资促进法律制度研究 [D]. 延吉:延边大学,2020:19.
[2] OECD. Policy Framework for Investment, 2006.

(3) 提高投资管理程序的效率；(4) 在投资政策实践中建立建设性的利益相关者关系；(5) 指定一个牵头机构、协调人或投资促进人，负责处理投资者投诉和防止纠纷；(6) 建立投资便利化的监测和审查机制；(7) 加强投资便利化方面的国际合作；(8) 通过支持和技术援助加强发展中国家伙伴的投资便利化努力；(9) 通过能力建设加强发展中国家伙伴的投资政策和预先投资的吸引力；(10) 通过加强投资促进发展方面的国际合作，包括通过国际投资协定的条款，补充投资便利化[①]。

3. WTO 投资便利化制度范围

根据 WTO《关于投资便利化以促进发展的部长联合声明》(2017) 以及之后有关投资便利化的多场讨论与谈判，强调投资便利化政策框架应当包括：(1) 提高投资措施的透明度和可预测性；(2) 精简和缩短行政管理程序和要求；(4) 加强国际合作；(5) 信息共享；(6) 最佳实践交流；(7) 与相关利益攸关方的关系，包括预防争端等[②]。

4. G20 投资便利化制度

G20 杭州峰会 (2016) 通过的《G20 全球投资指导原则》在投资便利化与促进方面强调了以下措施：(1) 避免投资保护主义；(2) 投资政策应开放、非歧视、透明和可预见；(3) 投资政策应具有法律确定性和强有力的保护，争端解决程序应公平、开放、透明，并防止权力滥用；(4) 投资规则的制定应透明且所有利益相关方有机会参与；(5) 信息共享，最佳实践交流、投资政策协调与国际合作；(6) 投资便利化与审查制度。

从以上不同国际组织对投资便利化措施的列举来看，投资便利化措施的范围应当包括以下几个方面：(1) 投资政策的透明度及可获得性；(2) 法律政策的稳定性、一致性与非歧视性；(3) 简约高效的行政管理及程序；(4) 全过程的投资服务；(5) 投资政策的国际国内协调；(6) 公平、开放、透明的投资争端解决程序等。由于投资服务更多地体现投资促进的内容，而投资争端解决程序更多体现投资者权益保护，所以基于本项目研究的目的，本项目后文将重点分析法律政策的稳定性、一致性与非歧视性，透明度，简

---

① 鲍怡婕. "投资便利化"的明晰及对中国的参与建议 [J]. 国际经济法学刊, 2018 (4): 61-72.

② WTO. Joint Statement on Investment Facilitation for Development, 2021.

约高效的行政程序及服务等内容。

（二）狭义投资促进措施范围

狭义上的投资促进措施，也称投资推荐与服务，主要是指投资促进机构围绕外商投资过程从投资动机、投资决定、投资实施以及扩大投资等全过程所进行的投资营销和服务活动及其机制。一般包括三个部分：一是投资前的形象塑造，具体包括在新闻媒体上做广告、参加投资展览会、组织一般性的投资团组互访及一般性的投资机会说明会等；二是引进投资活动，具体包括组织具体行业或部门的投资团组的互访及投资说明会等；三是投资服务活动，包括提供投资咨询服务、加速申请和许可的处理、提供投资后服务等。本项目在后文的讨论中，将具体化投资促进措施范围的各项内容，做有针对性的分析。

（三）投资激励措施范围

根据 OECD《外商直接投资激励政策清单》，投资激励措施范围一般包括三类：（1）财政激励措施。最具代表性的财政激励措施一般有三项：一是减少公司直接税收，具体包括降低企业所得税税率、给予免税期、特别税收优惠；二是资本累积激励措施。一般包括特别投资津贴、投资税收抵免、再投资利润税收减免或抵免；三是减少跨境经营的阻碍，降低企业资金、货物、服务和人力的跨境订单转移的成本，此类措施主要包括降低预缴税金、降低进出口关税、降低外籍高管和员工相关税费。（2）金融激励措施，包括政府提供的软贷款和贷款担保、各类资金性补贴和间接补贴以及政府的成本参与等。（3）监管性激励，主要是通过向外国企业提供国家或次国家规则和法规的减损来吸引外国企业的政策，此类措施虽然存在放松对投资者环境、社会和劳动力市场相关要求的争议，但如果政府通过行政管理改革方式进行，也同样具有积极意义[①]。

四、中国外商投资促进的范围

有关外商投资促进的范围，我国在理论和实践中存在以下差异。

---

① OECD. Checklist for Foreign Direct Investment Incentive Policies，2003.

（一）理论上主流观点坚持狭义的投资促进范围

从文献资料来看，研究投资促进的经济管理类成果较多。但无论是经济学学科，还是法学学科的学者们大多坚持投资促进仅包括投资促进措施，而不包括投资便利化和投资激励。近年来随着实践的发展，也有知名学者主张应当采取广义的投资促进，如张庆麟教授认为投资促进应当包括投资便利化、投资促进措施以及投资激励①。

（二）中国《外商投资法》体现广义的投资促进范围

我国《外商投资法》第 2 章为"投资促进"部分，该部分采取了广义的投资定义，投资范围包括三个部分。一是投资便利化。《外商投资法》规定的投资便利化主要体现在政策透明度与平等参与市场竞争两个方面：（1）外商投资政策的透明度。《外商投资法》第 10 条规定外商投资法律法规的制定应当适当征求外商投资企业意见和建议，规范性文件及时公布等透明度要求。（2）法律政策的不歧视。《外商投资法》第 9 条、第 14 条、第 16 条等条文规定了法律规则的平等适用、标准制定以及政府采购活动的平等参与等。二是外商投资促进措施。《外商投资法》有关外商投资促进措施主要体现在投资服务促进方面。该法第 11 条规定了国家建立健全外商投资服务体系、第 12 条建立投资促进合作机制、第 19 条规定了各级人民政府优化政务服务等。三是外商投资激励。《外商投资法》第 13 条、第 14 条、第 18 条规定了国家对外商投资的优惠政策，具体而言包括设立特殊经济区域、鼓励和引导特定投资、给予优惠政策等。

国务院出台的相关文件对投资促进的范围进行了某种意义的扩展。国务院 2024 年 3 月 19 日《扎实推进高水平对外开放更大力度吸引和利用外资行动方案》不仅将投资鼓励、税收支持政策、金融支持、用能保障、支持中西部和东北地区承接产业转移作为投资促进的措施，还将优化公平竞争环境、外商投资企业服务、便利国际商务人员往来等内容作为外商投资促进措施②。

---

① 张庆麟. 国际投资协定中的投资促进措施及其规制［J］. 政法论丛，2022（2）：30 - 42.
② 国务院《扎实推进高水平对外开放更大力度吸引和利用外资行动方案》https：//www.gov.cn/zhengce/zhengceku/202403/content_6940155.htm. 2024 年 3 月 19 日.

(三) 中国参加或缔结的国际投资条约中投资促进范围

我国早期签订的投资协定或者自由贸易协议中很少涉及投资促进的内容。近来的相关协议有所涉及，但对投资促进的范围并没有明确的规定，具体存在以下几种方式：一是不区分投资促进与投资便利化，但内容仅为一些投资促进措施。例如，《中国与新西兰自由贸易协定》第 11 章第 151 条规定了投资促进与投资便利化，具体内容主要是加强国际合作及信息交流[①]，但该协定在其他条款则规定了透明度等投资便利化内容。二是将投资促进单独规定，内容仅包括投资促进措施。例如，《中国与韩国自由贸易协定》第 12 章第 12.2 条第 1 款规定了投资促进，仅强调了鼓励投资和创造有利投资环境[②]。该协定同样在其他条款规定了投资便利化内容。三是投资促进与投资便利化相互独立，但内容上却交叉重合。例如，我国当前缔结参加的最大的区域自由贸易协议 RCEP 投资章节第 16 条规定了投资促进、第 17 条规定了投资便利化，但内容大多是投资促进措施。

就本研究的目的而言，主要是结合当前国内外规则对自由贸易试验区有关投资促进制度系统性建设提供理论支撑，在投资促进范围上采取广义的投资范围，即投资促进应包括投资便利化、投资促进措施及投资激励措施。这也与我国《外商投资法》内容一致。

第五节 外商投资促进制度创新标准之国际化营商环境

制度创新是否具有标准，是个见仁见智的问题。从国外一些国家及区域层次的投资规则的构建来看，外商投资促进制度还是存在一些参考标准。特别是从构建法治化便利化国际化的营商环境角度而言，更是如此。

---

① 《中国与新西兰自由贸易协定》第 11 章第 151 条规定：双方确认将通过包括以下方式在内的途径，实现便利双边投资的愿望：（一）以改善双向投资环境为目的进行合作和信息交流；（二）为促进双边投资，在中方与新方的机构间建立联系。

② 《中国与韩国自由贸易协定》第 12 章第 12.2 条："投资促进及保护：一、一缔约方应鼓励另一缔约方投资者在其领土内投资并为之创造有利的环境。二、一缔约方应允许另一缔约方投资者进行投资，但有权依据适用包括有关外资所有权和控股权在内的法律法规行使职权"。

一、国际化营商环境的基本内涵与外商投资促进

（一）营商环境的概念

"营商环境（Doing Business）"① 为世界各国所关注，主要来源于世界银行的相关研究，但名称和内涵并没有达成共识。世界银行有关研究项目就使用了多个名称，例如投资环境调查（Investment Climate Survey）、营商环境与企业表现调查（Business Environment and Enterprise Performance Survey）、营商环境报告（Doing Business）。因此，营商环境可大致分为两个方面：一是指投资环境，主要关注各国针对外商直接投资的法律政策、政府监管、市场机会、基础设施等各方面内容，旨在帮助各国建立有利于吸引、保留和利用企业主导投资的竞争性投资环境生长；二是指营商环境，也称经商环境、商业环境，主要关注企业在设立、运营和退出的生命周期各个阶段过程中业务准入、市场监管、配套设施、政府服务和司法效率等方面的内容②。整体而言，国际上并没有对营商环境的用语做严格区分。早期主要是从有利于对外直接投资的角度关注营商环境，将营商环境作为企业是否进行对外直接投资的重要评判依据。而当前完整的营商环境概念，已不能仅仅指投资环境，也包括本地安商环境。学术界和实务界已经达成共识的"营商环境概念"具有广义和狭义之分。广义上的"营商环境"是指影响企业经营活动的全部要素环境，包括物质要素和非物质要素两类。例如，世界银行将营商环境定义为"伴随着企业整个经营活动过程（包括从开办、运营到运营结束的各个环节）的所有周围条件和境况的总和"。其中物质要素包括地理位置、基础设施等内容。非物质要素包括市场环境、社会环境和法治环境等内容。从狭义上而言，"营商环境"主要是指影响企业运营周期中的非物质的、无形的软环境。但无论是国际指标，还是国内法律规范，都将营商软环境作为优化的重点③。我国所提倡构建法治化、国际化、便利化的营商环境主要是指无形

---

① 2022年，世界银行将"营商环境（Doing Business）"改为"宜商环境"。本书基于国内已通常使用"营商环境"的概念，继续采用"营商环境"的称谓。
② 魏红征.法治化营商环境评价指标体系研究[D].广州：华南理工大学，2019：48.
③ 魏红征.法治化营商环境评价指标体系研究[D].广州：华南理工大学，2019：49.

的、非物质的本地营商软环境。例如,国务院《优化营商环境条例》将营商环境定义为企业等市场主体在市场经济活动中所涉及的体制机制性因素和条件。

(二) 国际化营商环境的基本内涵

从当前存在的营商环境国际标准和国际规则而言,国际化的营商环境具有两项核心内涵,即法治化与便利化。

首先,国际化的营商环境必然是法治化的。法治是现代化国家和社会治理的基石。一般认为,营商环境的法治化和国际化是两个独立的概念,但无论从理论还是实践上而言,国际化的营商环境必然是法治化的。"法治化"对于优化营商环境具有根本性的价值导向。"法治化"的"营商环境"强调以规则为核心。营商环境以降低制度性交易成本为核心规则。优化营商环境,就是优化制度规则。法治对于商业经营、经济发展极为重要。马克思·韦伯认为,"理性的"法律通过对市场交易提供预期和合法性而支撑着经济活动的发展①。新制度经济学家、诺贝尔奖获得者道格拉斯·诺斯(Douglass North)等同样认为,法律制度是极其重要的,它决定了经济的发展路径。作为国际化营商环境建设理想标准的世界银行《营商环境报告》非常重视规则,世界银行的每一项评估指标反复强调规则和对规则的解释。例如,一再强调法律体系由透明、明晰以及功能健全的法律规则构成。法治化的营商环境更强调规则运营和实施。道格拉斯·诺斯同样认为,良性的法律加上良性的执法等于良好的经济绩效。世界银行《营商环境报告》不仅强调了规则,而且强调了规则的良好实施。《营商环境报告》在考察了中小企业从开办到终结全过程中不同的指标是否有利于商业活动中,不仅考察了具体的商事法律法规,而且要求存在一套法治运行机制,保证政府、企业和个人在经济活动的行为在法治法环境下进行。包括立法、执法、司法等与法治建设相关的所有重要方面,强调了规范高效的行政监管体系,以及公正高效的司法体系等。因此,国际化的营商环境,必然是规则制度优化的营商环境,是"法治化"的营商环境。只有植入法治化的内涵精神和外在形式,才能形成透明、稳定、可持续、公平公正的营商环境秩序。

其次,国际化的营商环境以便利化为实质内容。正如上文所述,便利化

---

① 罗培新. 优化营商环境,就是优化制度规则 [N]. 中国市场监管报,2020-11-05 (004).

主要是指减少贸易投资中障碍，最大限度提高贸易投资过程中管理、服务等的效率和效用，促进贸易投资自由化。从营商环境的定义来看，优化营商环境着重在提高公共服务水平、营造良好法治环境等制度性的软环境①。而从世界银行的营商环境指数来看，优化营商环境就是不断提高贸易投资中的便利化程度。而国际化的营商环境本质上是促进跨国范围内贸易投资的便利化、自由化。因此，国际化的营商环境以便利化为实质内容。

（三）营商环境国际化的关键要素

国际化的营商环境主要体现在高水平的法治化与便利化，即通过不断地与国际最高标准的营商环境对标，同时通过持续与国际高标准经贸规则进行接轨，实现高水平的贸易投资法治化与便利化。因此，营商环境国际化的关键要素则表现为两个方面。一是坚持对标营商环境国际标准，二是对标和对接高标准国际经贸规则。本书接下来将较为详细地介绍对标营商环境国际标准及对接高标准国际经贸规则问题。

（四）外商投资促进制度是国际化营商环境构建的目标和内容

从营商环境的定义来看，最初的营商环境就是指外商投资环境，而其核心就是制度规则等软环境的建设②。因此，外商投资促进制度型开放本身就是营商环境建设的一部分。另外，习近平总书记在《当前经济工作的几个重大问题》一文中强调，通过全面优化营商环境，更大力度吸引和利用外资③。这更进一步地证明，外商投资促进制度的构建目的就是通过制度效能的发挥实现全面优化营商环境，进而实现更大力的吸引和利用外资。相应地，全面优化营商环境就是外商投资促进制度建设的核心目标。

综上所述，外商投资促进法律保障机制建设既以国际化营商环境为目标，同时也是营商环境国际化制度建设的一部分。因此，外商投资促进制度创新需要坚持营商环境国际标准，同时需要对标高标准国际经贸规则。

---

①② 魏红征. 法治化营商环境评价指标体系研究 [D]. 广州：华南理工大学，2019：50.
③ 习近平. 当前经济工作的几个重大问题 [J]. 求实，2023（3）：4-6.

二、营商环境国际标准体系

营商环境是一个复杂的综合体，其评价体系也不唯一。相应地，国际上并不存在明确的营商环境国际标准。自世界各国重视营商环境建设以来，除了各国国内存在的营商环境评价指标外，国际上的一些权威机构也根据自身研究制定了评估各国营商环境的指标体系，并定期公布评价报告。例如，世界银行发布的《全球营商环境报告》、世界经济论坛发布的《全球竞争力指数报告》和《全球促进贸易报告》、经济合作与发展组织发布的《贸易自由化指数》、《经济学人》杂志发布的《营商环境指数》等。这些评价标准及其排名得到了世界各国的广泛认可。特别是世界银行的《全球营商环境报告》被认为是普遍接受的权威性标准，也是学者通常认为的国际标准。事实上，由于营商环境是基础设施条件等硬环境及法律制度等软环境的综合体，任何评价体系都有其缺陷。例如，世界银行《营商环境报告》以10—11个指标来评测营商环境，但并不能考察宏观经济状况、外国投资安全等方面。其他指标体系同样如此。但不可否认，任何指标体系都能反映营商环境的优良程度，而且，许多私营企业将一些营商环境报告作为制定贸易投资政策的参考。因此，营商环境是存在国际标准的。我国营商环境的优化需要参考这些指标进行法律法规、政策的制定和具体措施的实施。实践中也是如此，我国国务院制定的《营商环境条例》及地方制定的《营商环境条例》都参照了世界银行的营商环境指标，但也参照了其他评价指数。例如，这些条例中有关自由竞争、外商投资政策等，都是世行标准没有的，而是经济学人营商环境指数之一。

（一）世界银行宜商环境标准简介

一般情况下的营商环境主要是针对国内投资贸易营造便利化环境，而世界银行《营商环境报告》自2003年发布以来，已在世界范围内引起了广泛的关注。众多机构将《营商环境报告》中的指标纳入相关衡量标准，在其衡量的10个商业监管领域内引起了几千项改革，具有普遍的权威性和接受度。就本研究而言，将世界银行营商环境指数作为外商投资促进法治建设对标的国际营商环境标准更能促进相关法治规则的制定与完善。世界银行《营商环境报告》主要通过考察一国的标杆工商业城市中一般企业从开办到破产全过程中所应对的监管数量、付出的物质成本以及时间成本等设定指标体系进行评估，从而得出该经济体的商业监管规则的优劣等级，并进行横向与纵向排名[①]。2021年9月16日，世界银行集团（WBG）宣布将研究评估商业和投资环境的新方法。新方法称之为宜商环境（Business Ready）。

（二）世界银行宜商环境指数的功能、方法及范围

世界银行"宜商环境"指数功能。世界银行宜商环境项目为私营部门发展提供了商业环境的定量评估提供标准化的分析方法。"宜商环境"定量评估将产生点阵式数据和基于这些数据的全球报告，每年发布一次，涵盖全球大多数经济体。同时，全球宜商环境报告将深入研究相关国家，进一步分析区域差异和具体经济问题。

世界银行"宜商环境"指数目的。宜商环境的点阵式数据和总结报告旨在改善世界各地每个经济体的私营部门业务发展的环境。为了实现这一目标，宜商环境将采用三重路径：（1）倡导政策改革；（2）提供具体的政策建议；（3）为发展政策研究提供数据。

世界银行"宜商环境"指数的方法。宜商环境在评估商业环境时寻求平衡的方法，一是宜商环境不仅考虑单个企业的经营便利性，而且考虑从整个私营部门发展的角度来评估商业环境。认识到个体企业的成本、社会效益和理想标准之间存在着紧张关系，宜商环境将包括不同的指标来解决这些不同的需求，并相应地对其进行评分。二是宜商环境不仅关注企业的监管负担，还关注企业生命周期中监管质量和相关公共服务的提供。三是宜商环境不仅收集法律法规信息，还收集事实上的测量情况。四是宜商环境寻求不同数据之间的平衡。因此，宜商环境涵盖了与不同规模和地点的公司、不同经济部门以及外国和国内所有权相关的信息。宜商环境不支持任何特定的经济体系或法律传统，而是保持务实的方法，专注于适用所有发展水平的有充分依据的良好做法和标准。良好做法以世界银行、其他多边组织和专门机构制定的国际公认标准或相关文献为基础。

"宜商环境"指数范围。宜商环境主要通过监管框架、公共服务以及服

---

① 罗培新．世界银行营商环境评估：方法·规则·案例［M］南京：译林出版社，2020：6.

务的效率来评估商业环境。因此，宜商环境包括三大支柱，即监管框架、公共服务和效率。监管框架包括企业在开业、经营和关闭企业时必须遵守的规则和条例。公共服务是指政府直接或通过私营公司提供的支持遵守规则的设施，以及支持商业活动的关键机构和基础设施[①]。宜商环境关注的公共服务仅限于与公司生命周期相关的商业环境领域的范围。效率是指监管框架和相关公共服务在实践中整体发挥作用以实现使企业得以运作的目标的效力。宜商环境将不涵盖其他指标所涵盖的商业环境的其他方面，包括宏观经济状况（如全球经济前景）、政府腐败和问责制（如全球治理指标）、人力资本（如人力资本指数）或冲突、犯罪和暴力（如联合国毒品和犯罪统计办公室）。

（三）世界银行宜商环境指数体系

1. 市场准入

市场准入指数主要考察企业准入的法律法规、为初创企业提供数字公共服务和信息透明度，以及企业进入运营的效率。市场准入指数衡量了新的企业在三个不同维度的注册和开始运营过程。第一个维度评估企业准入法律规则，涵盖了为初创企业采用良好做法所必需的监管框架的法律制度。第二个维度衡量数字公共服务的可用性和初创企业的信息透明度。第三个维度衡量注册新的国内外企业所需的时间和成本。每个维度都被划分为类别，每个类别又被进一步划分为子类别。每个子类别都由几个指标组成，而每个指标又可能由几个部分组成。企业准入法律规则有37个考察指标，包括两个类别：（1）市场准入法律规则的优质性；（2）市场准入的限制性规定。数字公共服务的可用性和初创企业的信息透明度有24个考察指标，包括三个类别：（1）企业注册和运营初期在线服务的可用性；（2）企业合并和运营初期服务的互通性；（3）在线信息的可用性和信息的透明度。注册新的国内外企业所需的时间和成本有4个指标。

2. 经营场所

获得企业运营的物理空间是许多公司成功的关键因素，即使在数字时代

---

① 汪青松，邱欢. 世行宜商环境评估体系下的公司资本形成制度变革[J]. 投资者，2024（1）：32–50.

也是如此。当投资者和企业家为他们的业务获得一个新的场所时，这个过程通常涉及更改房产或更改租赁的许可要求。例如，建筑相关许可证对公共安全、加强产权和促进资本形成至关重要。营业场所指标主要衡量监管框架的有效性、治理水平以及为财产转让、建筑和环境许可证提供服务的透明度和效率。该指标既考虑了企业/企业家的视角（企业灵活性），也考虑了更广泛的公众（社会效益）。营业场所主要包括三类116个指标：第一类评估与财产转让、建筑许可和环境许可有关的法规的有效性，涵盖了不动产租赁、财产所有权和城市规划法规质量所必需的监管框架的法律规则，共62个指标。第二类指标评估公共服务的质量以及提供财产转让、建筑和环境许可方面的信息透明度，共46个指标。第三类评估在实践中获得营业地点的效率。

3. 公用事业服务

公用事业通过提供电力、水和网络连接等基本服务在支持经济和社会发展方面发挥着重要作用。没有这些服务，企业就无法运作，家庭也无法正常生活。公用事业服务监管框架的有效性、善治、透明度和效率是形成良好商业环境的关键要素[①]。公用事业服务指标主要衡量监管框架的有效性、治理水平和服务提供机制的透明度，以及提供电力、水和互联网服务的效率。这些措施反映了企业在公共或私人公用事业服务方面的体验。公用事业服务指标有三类85个指标衡量三个不同维度的三个关键公用事业（电力、水和互联网）的连接和后续服务供应。第一类指标评估与电力、水和互联网服务相关的监管的有效性，涵盖了有效部署连接、可靠服务、安全以及提供和使用公用事业服务的环境可持续性所必需的监管框架的法律规则，共31个。第二类指标衡量公用事业服务提供的治理水平和透明度，共34个指标。第三类指标衡量获得电力、水和互联网连接所需的时间和成本（效率），以及公用事业服务供应的可靠性，共15个指标。

4. 劳工

雇佣劳工可以说是大多数企业最重要的生产要素，也是大多数人最重要

---

① Parker, D., Y. F. Zhang, and C. Kirkpatrick. "Electricity Sector Reform in Developing Countries: An Econometric Assessment of the Effects of Privatization, Competition and Regulation." Journal of Regulatory Economics, 2008, 33 (2): 159 – 178.

的收入来源。从企业和工人的角度来看，与劳工有关的法律规则和公共服务是私营部门发展的根本驱动力。这些法规和公共服务会影响企业是否通过雇佣劳动力进行扩张，以及是正式还是非正式扩张的决定。劳工指标从企业和员工的角度，在三个不同的维度衡量就业法律规则和公共服务方面的良好做法。第一个维度评估与工人条件、就业限制和成本有关的劳动法规的水平，涵盖劳动力市场运作所必需的监管框架的法律规则，并为雇主和雇员提供其义务和相关保障，主要包括工人条件、雇佣限制和成本等方面29个指标。第二个维度衡量公共劳动服务的充分性，评估事实上提供的社会保护以及劳动力市场和劳动法律规则执行所依赖的体制框架，主要包括社会保障、制度框架等方面13个指标。第三个维度衡量劳动法规和公共服务在实践中的效率，衡量工人的条件、就业限制和成本以及公共服务，主要包括非工资人工成本、雇佣限制与成本、公共服务效率等方面指标8个。

5. 金融服务

融资渠道对企业的运营和扩张至关重要，并与企业创新密切相关，是世界各地企业的一个主要制约因素。金融服务指标从三个不同的维度衡量五个领域，即商业贷款监管的水平、担保交易和担保登记处的运作、电子支付、绿色金融、信贷局和登记处的运作。第一个维度评估与商业贷款、担保交易、电子支付和绿色融资相关的监管的有效性，涵盖了监管框架的法律规则，共有30个具体指标。第二个维度通过评估信贷局和登记处的运作、抵押品登记处的运营以及实践中的绿色融资选择来衡量信贷基础设施中信息的可获得性，共有9个指标。这一维度还衡量为妇女量身定制的金融和非金融产品的可用性，以及促进妇女在金融机构任职的相关培训和方案。因此，第二个维度评估事实上和法律上提供的金融服务。第三个维度衡量获得贷款、登记担保权益和进行电子支付所需的时间和成本，以及信用信息共享的及时性，共有30个指标。该维度还评估了在获得正式金融服务和使用电子支付方面的性别差距。

6. 国际贸易

国际贸易是经济增长和私营部门发展的关键驱动力。国际贸易指标从三个维度衡量国际贸易的不同方面，包括货物贸易、服务贸易和数字贸易。第一个维度评估了与国际贸易有关的监管的有效性，涵盖了监管框架的法律规则，包括支持国际贸易的良好监管规范、对国际贸易的监管限制两个方面62

个指标。这些规则对于建立一个非歧视、透明、可预测和安全的环境以利用国际贸易的潜力是必要的。第二个维度衡量与国际贸易有关的数字和实物基础设施的质量以及边境管理的水平，从而评估为促进国际贸易提供公共服务的实际情况，包括数字和物理基础设施、边境管理等52个指标。第三个维度衡量遵守进出口要求以及从事数字贸易的时间和成本，包括遵守出口要求、遵守进口要求、数字订购商品出口时的合规性三个方面6个指标。

7. 纳税

税收是一种强大的政策工具，可通过各种相互关联的渠道影响私营部门的发展。税务指标从企业的角度，从三个不同的维度衡量税收监管、管理和实施的水平。第一个维度评估与税收有关的监管水平，包括法律要求的法律和事实信息，税收法规的清晰度和透明度、环境税规制两个方面12个指标。第二个维度衡量税收管理的水平，从而评估与税收有关的事实上和法律上的公共服务，包括税务管理数字化、税务审计、争议解决机制、税务机关治理四个方面27个指标。第三个维度从企业的角度评估税收监管和公共服务在实践中的有效性，包括遵守税务法律的时间、纳税成本两个方面11个指标。

8. 纠纷解决

无论是发达经济体还是发展中经济体都不可避免地会发生商业纠纷。运作良好的纠纷解决系统对健康的商业环境至关重要。争议解决指标主要从三个角度衡量商业纠纷解决的效率和质量。第一个维度评估与法院程序和替代争议解决有关的立法的充分性，涵盖了有效处理案件、促进跨境索赔解决、为解决争议创造替代机制以及确保对相关机构的信任所必需的法律规则，包括法院诉讼、替代性争议解决（ADR）两个方面31个指标。第二个维度衡量制度框架的稳健性、数字化程度、透明度程度和ADR相关服务的发展，从而评估公共服务的实际提供情况，主要包括体制框架、数字化、透明度、ADR相关服务等30个指标。第三个维度衡量争议解决的可靠性、解决争议所需的时间和成本，以及与承认和执行裁决相关的时间和费用，包括争议解决的可靠性、解决争议的时间和成本、承认与执行三个方面13个指标。

9. 市场竞争

本指标主要是从整个私营部门的角度来衡量促进竞争行为和创新的关键

法律规则。它主要评估阻止反竞争企业行为的法律规则、促进政府市场竞争行为的法律规则，促进创新的法律规则，为实施这些法律规则提供的关键公共服务及其有效实施。市场竞争指标衡量与执行竞争政策、知识产权和创新政策以及侧重于改善市场竞争和创新的法律规则有关的良好做法。第一个维度评估促进市场竞争的法律规则的水平，涵盖使企业能够参与公平市场条件和创新的法规框架的法律规则，以及企业能够参与开放和竞争的政府市场的法规框架，包括竞争规则水平、促进创新和技术转让的法律规则水平、公共合同招标管理规则水平三个方面85个指标。第二个维度衡量促进市场竞争的公共服务的充分性，从而评估在市场上创造平等竞争环境以及促进创新的服务的实际提供情况，包括公共采购招投标法律规则水平、促进企业创新公共服务、电子采购服务的水平三个方面55个指标。第三个维度衡量促进市场竞争的关键服务的执行效率，包括竞争规则的效率、创新与知识产权规则的效率、政府采购规则的效率三个方面9个指标。

10. 办理破产

无生存能力的企业有效和快速退出在振兴经济方面发挥着重要的周期性作用。研究表明，有效的破产制度在促进新公司的创建、扩大私营部门的规模和鼓励更多的创业活动方面发挥了作用。企业破产指标通过三个维度在监管层面衡量破产制度的主要特征，同时还评估了与破产程序（司法服务）相关的体制和业务基础设施，以及破产程序在实践中的效率。第一个维度评估与破产程序有关的监管的有效性，涵盖了结构化债务解决程序以及有效的债权人和债务人制度所必需的监管框架的法律规则，包括法律和程序标准、资产和利益相关者、专门程序三个方面29个指标。第二个维度衡量破产程序的体制和业务基础设施的水平，从而评估破产解决机制事实方面以及实施破产法律框架所需的基础设施，包括数字化和网络服务、公职人员和破产管理人两个方面12个指标。第三个维度衡量在法院清算和重组程序中解决问题所需的时间和费用，包括实践中的清算程序、实践中的重组程序两个方面4个指标。

从世界银行每年进行横向和纵向的对比来看，营商环境的国际标准是动态的不断优化的标准。而从世界银行的具体指标而言，主要考察的是针对投资过程中的政府服务及基础设施服务方面。因此，世界银行宜商环境在外商投资促进政务服务及基础服务方面具有重要的参考价值。

第六节 外商投资促进制度创新目标之对标高标准国际经贸规则

一、高标准国际经贸规则的形成

Horn 等在分析国际经贸规则的发展趋势时，曾将欧盟和美国签署的 28 个特惠贸易协议（PTAs）的主要政策领域的规则分为"WTO PLUS"（WTO +）条款和"WTO EXTRA"（WTO - X）条款。新的国际经贸规则不仅包括"WTO + P"规则，更多的是形成"WTO + X"规则。前者是以现有 WTO 规则为基础，进一步消除障碍性措施的自由化条款；后者是指在 WTO 层面并没有达成一致的新的规则条款①。从世界银行的相关研究来看，大量的 WTO + 规则和 WTO - X 规则已被纳入各类区域自由贸易协议，且其法律效力更强。②

2001 年，WTO 在第四次部长级会议上决定开启 WTO 成立以来的第一轮谈判，并命名为多哈回合。多哈回合一开始则制定了较多的谈判内容，主要包括农业、服务、非农产品的市场准入、与贸易有关的知识产权、贸易与投资、贸易与竞争政策、政府采购透明度、贸易便利化、规则谈判、争端解决、贸易与环境、电子商务等议题。这些议题一部分很明显属于深化 WTO 当前规则的内容，如农业、服务、非农产品的市场准入、与贸易有关的知识产权、贸易与投资等，可以称为"WTO + P"规则。而另一部分则是 WTO 新设的议题，如贸易与竞争政策、贸易与环境、电子商务、微小经济体等，可以称为"WTO + E"规则。然而从 2003 年 9 月坎昆会议开始，多哈回合谈判之路就充满坎坷，截至 2013 年形成"巴厘岛一揽子协议"10 份法律文件，这是多哈回合谈判"早期收获计划"的成果。绝大部分的"WTO + P"规则并没有在此达成。

从 20 世纪 80 年代末开始，FTAs 获得了如火如荼的发展。特别是在 WTO 体系无法形成新规定的同时，逐渐产生了一批重要意义的 FTAs。与 WTO 相

---

① Horn, Henrik, Petros, C. Mavroidis and Andre Sapir. Beyond the WTO? An Anatomy of EU and US Preferential Trade Agreements [J]. World Economy. 2010, 33 (11).

② 李墨丝. 区域服务贸易自由化的新趋向——基于 GATS 和 NAFTA 类型协定的比较 [J]. 上海对外经贸大学学报, 2015 (3): 5-16, 56.

比，FTAs 主要关注两个重点领域：一是在区别对待的基础上将关税降到低于 WTO 的水平。二是不以关税为直接目的的边境后政策措施。事实上，从当前比较重要的 FTAs 谈判来看，其主要目的已经不是初级的放松关税限制，而是无关税和边境后政策的综合。而这些就是上文提到的"WTO + P"规则和"WTO + E"规则。一般认为，如果不考虑是否具有法律的强制性来看，欧盟签订的相关 FTAs 中包含更多的"WTO + E"规则；如果从具有法律的强制效力条款来看，美国签订的相关 FTAs 则包含了更多的具有法律强制效力的"WTO + E"规则。这些 FTAs 中存在的"WTO + P"规则和"WTO + E"规则远远超出了 WTO 的范围。特别是一些大型的 PTAs 植入了大量的新规则，并在国际经贸实践中得到承认及适用，新的国际经贸规则逐渐形成。

二、高标准经贸规则的主要内容

总体而言，相较于既有的 WTO 规则，新的更高标准的国际经贸规则主要体现在 CPTPP、RCEP 等巨型 FTAs 之中，主要包括以下内容。

（一）更高水平的贸易自由化规则

首先，大量的 FTAs 议题表明，有关货物贸易自由化规则，在 WTO 规则的基础上有了更进一步的发展和提升。在关税方面，新的贸易规则致力商品的零关税为一般规则，非零关税为例外。例如，《全面与进步跨太平洋伙伴关系协定》（Comprehensive and Progressive Agreement for Trans – Pacific Partnership，CPTPP）力求绝大部分关税降为零，仅对少量敏感产品征收关税。RCEP 同样致力于区域内绝大部分商品的零关税安排。在海关监管和贸易便利化方面，新的贸易规则要求更高。例如，CPTPP 要求成员国保证海关当局公正对待不同国家的商品，鼓励成员国间强化信息共享，采用风险管理系统，降低风险货物的清关手续，提高货物监管效力。RCEP 要求运用信息技术实现海关监管便利化[①]。其次，服务贸易自由化规则的构建。当前的国际贸易

---

① 第四章 海关程序和贸易便利，第 4.12 条规定："1. 各方应当尽可能运用信息技术，以国际上接受的快速通关和放行货物的标准为基础，为海关作业提供支持。2. 各方应当尽可能使用加快货物放行的海关程序，包括在货物抵达前提交数据的信息技术，并使用电子或自动化系统进行风险管理。……"

已非简单的最终产品的跨境流动，而是以全球价值链为基础的要素分工。从货物贸易转向服务贸易和投资。服务贸易作为中间产品，在国家贸易中所占的比重越来越高[1]，已成为推动全球经济复苏的新引擎[2]。虽然 WTO《服务贸易总协定》已制定 20 余年，但是其修订已基本停滞。由 WTO 部分成员方参与的《服务贸易协定》（TISA）增加了许多服务贸易新的议题。此外，CPTPP、TTIP 谈判、RCEP 文本同样关注了服务贸易。从大量的有影响的 FTAs 内容来看，服务贸易新规则主要包括以下内容：一是服务贸易整体上采取准入前国民待遇＋负面清单模式。例如，TISA 市场准入采取负面清单，而国民待遇采用正面清单模式。TPP、RCEP 皆采用负面清单模式。总体上来看，新的服务规则倾向于采取准入前国民待遇和负面清单模式，促进服务贸易的自由化和便利化。二是形成具体的金融服务规则和电子商务规则。在金融服务方面形成了从市场准入、高管要求到金融服务投资争端等，形成了一系列的规则体系。在电子商务方面，则形成了关税、数字产品的非歧视待遇，强调了跨境数据传输的自由化，加强了对数据的监管和保护，构建了在线消费者保护规则。

（二）透明度原则

透明度规则是国际经贸规则的基础规则。新的国际经贸规则不仅扩大了其适用领域，而且更具体，标准更高。从 TPP、美韩 FTA 等自由贸易协议来看，透明度规则不仅适用于货物贸易、服务贸易，还适用于知识产权、投资、电子商务、政府采购、劳工、环境、中小企业保护等。不仅要求公布实体性规则和程序规则，而且还要求公布拟立法的目的、基本原理以及实质性修改法律的理由。新的经贸规则还建立了独立的审查机构和争端解决机制，从法律层面对透明度措施实施保障。同时，新的经贸规则设立了独立的反腐条款，强化了反腐政策。

（三）投资自由化与便利化

投资自由化便利化规则对于成员国优化营商环境、吸引外资、促进经济

---

[1] 石静霞. 国际贸易投资规则的再构建及中国的因应［J］. 中国社会科学，2015（9）：128 - 145，206.

[2] 张磊，徐琳. 更高标准经贸规则对上海探索建设自由港的启示［J］. 国际商务研究，2020（5）：86 - 95.

增长有着突出的促进作用。长期以来,国际投资规则处于碎片化状态,虽然WTO努力探索形成统一的国际投资规则,曾于2017年通过《关于投资便利化促进发展的联合部长宣言》,但并没有形成有拘束力的统一规则。尽管如此,各国一直致力于国际投资规则的制定及其普遍化。除了传统的双边投资协定之外,无论是发达国家,还是发展中国家都重点通过推进自由贸易协议创制投资规则。在近来达成的有影响的FTAs中,美韩FTA、CPTPP、美加墨FTA、RCEP等协议都规定独立的投资章节。通过考察其投资章节文本,新的投资规则主要包括以下内容:一是采取准入前国民待遇和负面清单模式;二是确立了包含公平公正待遇和充分保护与安全内容的最低待遇标准;三是明确了为公共目的、非歧视的、及时充分有效补偿前提下,依据正当法律程序的征收或国有化;四是投资的自由转移和禁止业绩要求;五是企业社会责任要求;六是明确了投资者与国家争端的各类解决机制。这些规则都体现了投资自由化便利化及保护投资的规则发展趋势。

(四) 知识产权保护规则

WTO在TRIPs协议之后,未能再通过与知识产权有关的有约束力的规则。发达国家通过双边、多边或者区域贸易协议达成超WTO规则的高标准的知识产权保护规则。发展中国家也通过各种协议寻求达成适合自身发展的知识产权保护规则。美加墨自由贸易协议、CPTPP、RCEP知识产权章节体现了这一发展。高水平保护首先体现在扩大了知识产权保护的客体和范围。相较于TRIPs,CPTPP、RCEP等协议将客体范围增加到7类,CPTPP明确规定了可将气味、声音作为注册商标,RCEP则要求缔约国不得排除注册商标中有此类要素。CPTPP延长了著作权的保护期限、扩大了地理标志的范围,加强了对驰名商标的跨地域保护。RCEP则增加了保护权利管理电子信息规则。知识产权的保护已经渗透到投资、电子商务等领域,CPTPP在相关章节规定了知识产权的保护,进一步规定互联网服务提供商提供救济和设立安全港等内容。CPTPP、RCEP明确了更为严格的数字环境下的执法和侵权行为处理。其次,高水平保护同样体现在更为严格的执法程序。例如,CPTPP规定了详细的执法条款,在民事赔偿中,进一步确立赔偿数额的构成;在刑事责任中,明确"商业规模"含义,扩大了刑事保护范围和方式。

（五）环境与劳工保护规则

随着全球范围内环境保护和权利保护的兴起，在国际贸易和投资中保护环境和劳工，受到一些发达国家的重视。美国政府根据2002年的《贸易促进授权法案》，从2002年开始在对外签署的自由贸易协定中包含了环境保护内容。在2004年和2012年的BIT范本都包含了环境和劳工条款。据WTO相关数据统计，近来签订的绝大多数FTAs包含了劳工条款。特别是近来有影响的FTAs形成了高标准的环境和劳工保护规则。

环境与劳工保护范围扩大。CPTPP将环境保护覆盖的范围扩大到臭氧层保护、海洋环境中的船舶污染、保护生物多样性、入侵外来物种的控制与消灭、向低排放经济转型、海洋捕捞业、濒危野生动植物的保护等，将许多国际公法规定的环境保护内容，纳入贸易与投资规则之中[①]。CPTPP将劳工保护的范围从国际劳工核心标准，扩大到最低工资、职业安全及健康相关的工作条件等，并强调适用于一国的出口加工区和自贸区。同时，高标准要求国内法及其有效实施。CPTPP要求缔约方保证其环境法律和政策能够有效实施，并对国内法的实施提出了禁止性要求。例如，不得以影响贸易或投资的方式导致环境法未有效执行，不得以弱化或减少环境法律所提供的保护鼓励贸易和投资等。在劳工保护方面，CPTPP同样要求缔约方应严格执行其劳工保护法，不得为鼓励贸易或投资而减损对劳工权利的保护。

鼓励公众参与和增强企业社会责任。在环境和劳工保护两个方面，CPTPP要求缔约方具有保证公众参与的机制，并规定公众参与和公众意见处理的具体程序，从法律层面保证了公众的参与，进一步提高了权利保护水平和透明度。另外，CPTPP要求缔约方鼓励处于其境内的企业自愿采纳承担与环境、劳工保护相关的企业社会责任原则，增强商业主体的环境、劳工保护责任。

建立完善的国际合作与监督机制。CPTPP针对环境保护建立了明确的合作框架，就合作机关、合作方式等作出了详细规定；在劳工保护方面，则强调了合作的原则、合作中工人与雇主代表的参与、合作经费等。CPTPP在两个方面都强调建立相应的委员会或理事会监督缔约方的实施、解决缔约方之间的纠纷。

---

① 钊阳，桑百川．对标高标准国际经贸规则优化外商投资制度环境［J］．国际贸易，2019（10）：19–26．

三、外商投资促进对标高标准经贸规则的主要内容

（一）对标高标准投资待遇规则

我国在改善投资自由化和便利化方面成果显著。2020年世界银行《营商环境报告》，中国营商环境位列第31，连续两年入列全球优化营商环境改善幅度最大的十大经济体，但我国在营商环境各个指标方面仍需要进一步提升。自贸区外商投资促进规则的构建和完善需要对标的首要国际经贸规则是高标准投资待遇规则。高标准的投资待遇规则除了准入前国民待遇，还包括在双边或多边自由贸易协议中广泛存在的以国际习惯法为最低标准的待遇。

（二）对标法治政府和决策透明规则

首先，对标法治政府。政府治理的法治化水平是国家治理现代化的重要体现。虽然，我国进行了多年的法治政府建设，已取得了很大成就，但传统文化中的"父爱政府"、计划经济时期的"全能政府"的行为习惯，在现代化政府治理方式上仍然有很大程度上的延续。政府作为公共服务与公共产品的主要供给者，有责任通过自身的法治化水平提高，传递依法治国理念，提高政府公信力。其次，对标决策和监管透明规则。

（三）对标平等与不歧视规则

新的经贸规则更注重边境后营商环境的营造。公平竞争环境的是各国关注的重点。公平竞争营商环境的维护包括一般营商环境的优化和竞争中立的维持。一般公平营商环境的营造包括：其一，平等保护产权。产权明确且得到合法的保护，是公平竞争的前提。应当依法保护市场主体的经营权、财产权和其他合法权益，保护经营的人身和财产安全，单位和个人不得干涉。除此之外，还需要重点加强知识产权保护。其二，坚持内外资一致，平等适用法律、法规和政策。其三，招投标和政府采购公开透明、公平公正，各类市场主体依法平等参与。

(四) 对标高标准政务服务和公共服务规则

新的高标准的经贸规则对边境后措施的约束，其目的更多的是通过政府的简化管理、政务服务和以政府为主要提供者的公共服务推进国际贸易投资的自由化便利化。转变政府职能，建设服务型政府，同样是治理体系和治理能力现代化的主要内容。通过深化"放、管、服"改革优化营商环境，是我国当前正在进行的优化营商环境改革。作为优化营商环境一部分的外商投资促进法治建设需要对标高效的政务服务和公共服务规则。

本章小结

制度型开放是我国顺应国际经贸新形式的主动选择，也是促进我国国内国际双循环协调发展的重要路径。制度型开放既包括国内、国际及他国之间的规则、标准的接轨与融通，也包括参与国际规则、标准的制定，同时制度型开放也具有方法论的指导意义。制度型开放的范围，既包括传统的投资贸易领域，也包括数字贸易、环境、知识产权等新兴领域，同时还包括知识产权、竞争中立、国有企业等新议题。制度型开放是我国自贸区升级版建设的新要求和基本路径。当前，外商投资促进仍然是自贸区建设重要目标。外商投资促进包括投资便利化、投资促进措施、投资激励三个方面。从制度型开放的角度而言，自贸区外商投资促进制度型开放就是围绕投资便利化、投资促进措施、投资激励三方面，对标高标准经贸规则和国际标准，在法律、制度、规则、管理、标准等方面实施制度创新。

第二章 中国自由贸易试验区投资便利化制度创新与完善

正如第一章所述,广义上的投资促进包括投资便利化、投资促进措施和投资激励。投资便利化与投资措施在概念上相互独立,但在具体内容上会存在某些重合。从将投资便利与狭义的投资促进措施分重点讨论而言,本部分将着重讨论中国自贸区的公平公正待遇、透明度、竞争政策、公共服务与政务服务便利化等一般便利化制度创新,而将金融服务便利化、政府采购、标准开放等制度型开放特殊问题专列一章讨论,同时将外商促进特殊服务放在投资促进措施一章讨论。

第一节 高标准投资便利化国际规则的主要内容

从双边或多边的投资协定以及自由贸易协议来看,在投资便利化方面主要包括投资法律政策的透明度、竞争政策以及公平公正待遇等。相关的一些国际组织,例如联合国贸易和发展会议(UNCTAD)强调了高效的政务服务及投资便利化监测和审查制度、国际合作等;世界银行《宜商环境》则强调了市场准入、劳工、纳税、市场竞争、金融服务、政务服务及公共事业服务等方面。这些内容既有投资便利化,也有狭义上的投资促进。从将投资便利与狭义的投资促进措施分重点条论而言,本部分将结合OECD、UNCTAD、CPTPP、RCEP等相关文件着重讨论国际规则中的公平公正待遇、透明度、竞争政策、公共服务与政务服务便利化等国际经贸规则内容。

一、国际经贸规则中的平等待遇

从国际投资协定、自由贸易协议来看,平等待遇条款更多的是称为"公平公正待遇"条款。

(一) 国际协议中的公平公正待遇条款

关于外资待遇标准,在国际法上尚无统一的规定,一般基于各国的国内法和国际协定确定。在国际投资协定中,最常用的待遇是最惠国待遇、国民待遇和最低标准待遇。前者被称为"相对"待遇标准,后者被称为"绝对"待遇标准[1]。公平公正待遇常常被规定在最低待遇标准之中。当前比较有影响的双边投资协定或自由贸易协议都将公平公正待遇规定为东道国应当给予国外的待遇标准。例如,CPTPP 第九章投资第 9.6 条第 1 款规定:"每一缔约方应依照适用的习惯国际法原则给予涵盖投资包括公平公正待遇及充分保护和安全在内的待遇"[2]。近年来,我国参加的自由贸易协议、双边投资协定也纳入了"公平公正待遇条款"。例如,我国与韩国签订的《中韩自由贸易协定》)(2015)第十二章第 12.5 条以及 2020 年由中日韩等 15 国签订的 RCEP 第十章第 5 条第 1 款规定了几乎相同的公平公正待遇内容[3]。而我国与欧盟签订的《中欧投资协定》虽然没有直接规定公平公正待遇,但在第二节投资自由化第 3 条第 3 款公正、非歧视和独立的监管机构规定,各方应确保对其所监管的所有企业在类似情况下的公正行为,确保以一致和不歧视的方式执行法律和规章[4]。该项规定实质是在监管方面的公平公正待遇。

---

[1] 王立武,杨柳. 双边投资协定对知识产权国际保护制度的影响及对策 [J]. 电子科技大学学报 (社科版), 2013 (6): 47 – 54.

[2] CPTTP 第九章第 9.6 条:"1. 每一缔约方应依照适用的习惯国际法原则给予涵盖投资包括公平公正待遇及充分保护和安全在内的待遇。"

[3] 《中韩自由贸易协定》第 12.5 条:"(一) 各缔约方应当根据习惯国际法给予涵盖投资包括公平公正待遇和充分保护和安全在内的待遇。"RCEP 第十章投资第 5 条第 1 款规定内容相同。

[4] 《中欧投资协定》第三条第三款公正、非歧视和独立的监管机构. 1. 各方应确保任何监管机构或任何其他行使监管职能的机构,该方建立或维持对其所监管的所有企业(包括涉及的实体)在类似情况下的公正行为. 2. 各方应确保以一致和不歧视的方式执行法律和规章,包括承销实体. 3. 各方应确保,任何监管机构或任何其他行使监管职能的机构,在法律上与该机构所监管的任何企业分离,且不对其负责。

（二）公平公正待遇的主要内容

在投资协定中，公平公正待遇并没有确切的定义。一般认为，从词义的基本含义而言，在"公平"与"公正"待遇的语境下，每个参与方的合理期待都能被尊重即是"公平"的。而"公正待遇"指的是每个利益方都可以得到他应得的合法利益①。公平公正待遇是具体的，必须针对每个个案的特定情形，在不同的个案中有不同的具体体现。从 CPTPP、RCEP 有关公平公正待遇的具体条款内容来看，公平公正待遇的核心内容主要包括正当程序原则以及司法过程中的不拒绝司法。有学者认为，公平公正待遇还包括警戒与保护义务、非专断与非歧视待遇、不得拒绝司法、透明度要求、保护合理期待、提供一个稳定和可预见的法律框架、避免政府干扰②。从投资便利化与投资促进的角度而言，非专断与非歧视待遇、透明度要求、保护合理期待、提供一个稳定和可预见的法律框架、避免政府干扰对国内制度的构建更有意义。由于本节将同样分析透明度问题，在公平公正待遇部分就不再分析。

1. 非专断与非歧视待遇

UNCTAD 的研究报告指出："参照一般含义，如果有专断歧视行为，或者如果因东道国的行为导致投资已经遭受专断或反复无常的对待（Subject to Arbitrary or Capricious Treatment），那么公正与公平待遇就已经被违反了。"③依据《布莱克法律词典》对专断的定义："专断意味着取决于个人的裁量（Depending on Individual Discretion），而这种裁量是基于厌恶或其偏好（Prejudice or Preference），而并非基于理由或事实。"ICSID 仲裁庭 TECMED 案认为专断的国家行为应被认为："被任何合理且客观的人（Any Reasonable and Impartial Man）认为是不充分，或尽管没有违反特定的规则，但该行为仍是与法律背道而驰的。"④ 所谓歧视，ICSID 在 Saluka 案中认为，要判定一项行

---

① 邓婷婷. 国际投资协定中的公平与公正待遇研究 [M] 北京：法律出版社，2017：104 – 105.
② 邓婷婷. 国际投资协定中的公平与公正待遇研究 [M] 北京：法律出版社，2017：107 – 130.
③ UNCTAD. Fair and Equitable Treatment, Series on Issues in International Investment Agreement (Unite Nations 1999). p. 37.
④ Lauder case, para. 221.

为是否具有歧视性要考虑以下要素：一是被诉的歧视行为是否为相似的情况下采取；二是这些主体是否被区别对待；三是这种区别是否都具有正当性①。而从实践来看，非专断与非歧视待遇主要存在以下三层含义：其一，法律规范适用上不可区别对待。这里的法律规范是广义上法律规范，包括法律、法规、政策、措施等。其二，无论管理、服务或是其他行为的对待措施都应是有法律依据且客观合理的。其三，法律、政策、措施以及政务的服务过程是有法律依据且客观合理不歧视的。

2. 提供一个稳定和可预期的法律框架

正如前文所述，提供一个稳定和可预期的法律框架，不仅是许多国际投资协定、自由贸易协议在有关投资自由化便利化条款着重强调的，也是OECD、UNCTAD、WTO 等国际组织投资便利化文件所着重强调的。稳定可预期的法律框架是国际化营商环境的核心要素。在确定投资时，外国投资者会将稳定可预期的法律框架纳入考量范围。从实践上来看，法律及政策框架缺乏稳定性导致投资失败的案例不少。例如，20 世纪 90 年代前期，阿根廷为天然气的运输、销售渠道确立了一种新的管理框架，包括作出各种保证以吸引外国投资。CMS 公司的投资决定在某种程度上是基于该新的管理体制。然而，阿根廷为应对经济危机宣布 CMS 所依赖的管理体制中的几个核心要素无效。CMS 公司认为阿根廷极大地改变投资环境的稳定性和可预见性，而该保证是作出投资决定时的关键考量因素。CMS 的观点得到了仲裁庭的支持②。从内容上来讲，稳定和可预期的法律框架不仅包括东道国中央与地方法律政策具有稳定性，还包括法律解释与执行的稳定性，以及其他政府行为的稳定性。

3. 避免政府胁迫与干扰

虽然国际投资协定、自由贸易协定并没有明确将政府胁迫和干扰规定在公平公正待遇之中，但是实践中一旦做出投资，外国投资者便极易受到来自东道国政府的胁迫和骚扰。尤其是在投资密集的行业，长期项目往往成为东道国相威胁的手段。因此，政府的此类行为正是投资保护协议的目标之一。一些国际投资仲裁庭在具体案件中确认了这一点。在 Pope v. Talbot 案中，

---

① Saluka Investment BV (The Netherlands) v. The Czech Republic (Saluka case) UNCITRAL, Partial Award, 17. March 2006, para. 313.

② 邓婷婷. 国际投资协定中的公平与公正待遇研究 [M] 北京：法律出版社，2017：126.

软木部（SLD）是东道国政府的管理部门，其针对投资者颁发的"验证审查"被仲裁庭认为是挑衅的和咄咄逼人的。例如，在 TECMED 案中，针对垃圾填埋场的无限期许可证被替换为有限期许可证，仲裁庭认为拒绝更新许可证是为了迫使投资者另行选址并自行承担新商业行为的相应成本和风险，是违反公平公正待遇的。而在 Desert Line 案中，涉及修建柏油马路的合同，双方争议涉及武装威胁及对投资者部分人员的逮捕。东道国当地裁决结果是给予申请人一定数量的赔偿，但赔偿数额被之后的调解协议严重强制削减，仲裁庭认为该调解协议是通过实体和财务两个方面威胁强加给申请人的。而在 Total 案中，投资者被迫接受比最初协议更为不利的条件，包括一项要求其放弃应收的账款以换取股份的措施，仲裁庭认为是强制的、不公平的以债换股，违反了公平公正待遇①。

4. 保护合理期待

在投资设业初期，外国投资者会综合考虑东道国如商业环境、立法框架、基础设施及公共服务等诸多因素。这些因素促使外国投资者产生一系列与可获得利益等相关的合理期待，这也是决定在某定国家或区域采用何种投资经营方式的要素。这就是公平公正待遇中的外国投资者的合理期待。国际仲裁实践表明，基于国际法确立的善意原则，要求缔约方提供国际投资的待遇不能影响外国投资者作出投资设业决定时的基本期待②。这就要求东道国既不能整体降低营商环境水平，也不能在具体行为中改变外国投资者在作出决定时所信赖的安排。

二、国际经贸规则中的透明度要求

早在 20 世纪末，透明度原则已是世界贸易组织法律体系的一项基本原则。该原则要求世贸组织成员公布现行的贸易法律和政策，以实现公平贸易。之后，该原则逐渐被国际投资协定（International Investment Agreement，IIA）吸纳。③ IIA 中透明度原则最常见的条款是缔约国在制定或修改任何为

---

① 邓婷婷. 国际投资协定中的公平与公正待遇研究［M］北京：法律出版社，2017：127 – 129.
② 邓婷婷. 国际投资协定中的公平与公正待遇研究［M］北京：法律出版社，2017：123.
③ 指两个或两个以上的国家所缔结的关于规范其相互投资过程中所涉及的投资准入、投资保护、投资运营、投资退出及投资争端的解决的协议。包括双边投资条约（Bilateral Investment Agreement，BIT），包含投资章节或投资条款的自由贸易协定（Free Trade Agreement，FTA）等内容。

本条约所涵盖事项的有关法律、法规、程序、裁决时，应当及时对外界公布以保证为利害关系人所知晓①。当前，透明度原则已成为投资便利化的一项核心原则，其内容也越来越具体化。《全球投资便利化全球行动清单》明确规定了三项透明度要求：（1）发布投资制度概览，告知新制定或新修改的法律，允许利益相关方对草案和法规修订进行评论；建立单一电子窗口。（2）确保随时可用的信息，包括通过'一站式'服务或特别查询及网上服务，加强投资者与国家的沟通。（3）促进立法简化和推行简明法律语言。CPTTP 与 RCEP 皆规定了透明度条款。CPTTP 没有在投资章节规定透明度，但规定了独立于其他章节的透明度与反腐败章节（第 26 章）。CPTPP 在第 26 章 B 节中详细规定了透明度，主要内容包括：（1）及时公布。及时公布的内容主要包括：①有关普遍适用的法律、法规、程序和行政裁定；②在可能的限度内就拟采取的任何措施进行公布，并提供对拟议措施进行评论的合理机会；③在可能的限度内，在引入或修改相关法律、法规或程序时，在制定与生效之间提供一合理期限；④在官方公报或网站中公布拟议的法律法规，并说明目的和理由，评议的合理期限，以及吸纳意见后做实质性修改的说明。（2）行政程序的透明。内容主要包括：①依照国内程序提供关于程序启动时间的合理通知；②在时间、程序的性质及公共利益允许的情况下，向直接受到一程序影响的人提供合理机会以便在最终行政行动前提供支持其立场的事实和论据；③保证行政程序符合法律。（3）给予当事方复审和上诉的机会，并在程序中给予辩护的合理机会，决定应由负责争议行政行为的机构或机关执行。（4）对关涉相关利益的信息及时提供。RCEP 没有单独规定透明度章节，在投资章节中也没有明确规定透明度条款。但 RCEP 在投资章规定了专门的投资便利化，有关透明度要求的内容包括：①促进包括投资规则、法律、法规、政策和程序等投资信息的传播；②接收与外商投资有关的投诉或不满；③建立机制解决影响外商投资经常发生问题相关机构提出的建议；④建立联络实体向投资者提供帮助和咨询。

---

① 齐湘泉，姜东. 国际投资争端解决中的透明度原则 [J]. 学习与探索，2020（2）：76 - 82.

三、国际规则中的竞争政策

如果从宽泛国际规则考虑，早在欧共体设立之初，即在《罗马条约》中制定了欧共体的竞争政策规则。但对国际经贸规则，特别是区域贸易协定中对竞争政策议题相关条款进行较系统的研究、评估，则是进入21世纪之后的事。福克斯认为，随着以下四种情形的出现，国际社会必须透过某种途径对竞争政策进行国际规制：一是企业在他国的商业行为损害了另一国的国内竞争。二是商业行为越来越全球化，即使各国希望利用本国国内法保护国内工业也越来越不可能。三是贸易法越来越自由化，各国传统的贸易壁垒越来越少，但随之而来的是新型贸易壁垒，竞争政策即是其中之一。四是世贸组织新型贸易手段扩大了贸易的范围，而且这些新的条款都涉及竞争政策，而竞争政策存在被瓦解为贸易服务工具的风险①。《北美自由贸易协定》（NAFTA）是第一个规范竞争政策议题的自由贸易协定。之后在美国、欧盟的主导下，逐渐有更多的自由贸易协议加入了竞争政策条款。随着，全球化的深入发展，竞争政策的多方面影响被逐渐认识。相关实证研究表明，竞争法与自由化的贸易政策并不能相互取代，两者起着相互补充的作用；而投资政策与竞争政策之间也存在着重要联系②。经合组织的研究成果则表明，竞争政策与消费者保护政策是颇为相互依赖的经济政策工具，它们具有共同的政策目标③。实践中，各国竞争法将消费者保护作为其政策目标之一而予以规范。因而，作为高标准经贸规则集中体现的CPTPP，则规定了从贸易、投资到国有企业和消费者权益保护的复杂的竞争政策规则。后来的RCEP虽然在规则水平上相较CPTPP存在一定的差距，但作为我国参加的最大的自由贸易协议，也代表着我国逐渐接受的高标准经贸规则。本部分将对二者竞争政策条款做一些分析。

---

① Eleanor M. Fox, Toward World Antitrust and Market Access [J]. American Journal of International Law, 1997：3 – 4.
② Trudi Hartzenberg, Competition Policy in SADC 2 – 4. 转引自：钟立国. 从NAFTA到TPP：自由贸易协定竞争政策议题的晚近发展及其对中国的启示 [J]. 武大国际法评论, 2017, 1 (6)：98 – 114.
③ OECD, The Interface between Competition and Consumer Policies：17.

（一）CPTTP 竞争政策规则

在 CPTPP 其前身 TPP 中，竞争政策规则包括竞争政策、国有企业和指定垄断两章内容。CPTPP 协定第 16 章竞争政策、第 17 章国有企业与指定垄断则完整继承了 TPP 条款。前者从竞争法和主管机关与限制竞争商业行为、竞争法执行中的程序公正、私人诉权、合作、技术合作、消费者保护、透明度、磋商等方面进行规制，后者从国有企业与指定垄断的定义、非歧视待遇和商业考虑、法院和行政机构、透明度等方面进行规制。CPTPP 竞争规则的核心是强调确保所有市场主体商业行为的公平竞争，要求所有缔约方都要围绕公平竞争议题进行国内立法，并确保竞争执法的程序公正，特别要求保证国有企业遵循"竞争中立"原则。其主要规则内容如下。

1. 强调缔约国竞争法律机制建设

这类规则主要包括四个方面：一是 CPTPP 要求缔约方应采用或维持适用于本国所有商业活动的禁止限制竞争商业行为的国家竞争法，以提高经济效率和消费者福利；二是 CPTPP 要求缔约方设立一个或多个负责执行其国家竞争法的主管机关（国家竞争主管机关），同时要求各类主管机关在为执行政策目标行事时不因国籍不同而有所歧视。三是要求竞争执法中的程序公正。具体规则要求包括：（1）对因违反竞争法而实施处罚或救济之前向其提供主管机关所关注的信息及提出抗辩的合理机会；（2）缔约国应采取或设立书面程序开展国家竞争法调查，并对调查规定最终期限或合理期限；（3）缔约国应采取或设立适用于对涉嫌违反其国家竞争法行为的执行程序及据此作出的处罚和救济决定的程序和证据规则；（4）为因违反竞争法而被施以处罚或救济的人提供寻求对处罚或救济进行审查的机会；（5）不在披露一项未决或正在进行的调查的公告中推定涉嫌或已经违反竞争法；（6）确定违反国家竞争法的行为需要有确定的法律和实施基础；（7）保护商业机密信息；（8）为被调查人提供合理机会，就调查过程中产生的重大法律、事实或程序问题咨询竞争主管机关。四是明确私人诉权。CPTPP 要求缔约国采用或维持规定独立的私人诉权的法律或其他措施，在确认违法之后可向法院或其他独立法庭寻求对其造成的损害进行赔偿的权利。

2. 强调消费者保护

CPTPP 强调消费者保护政策和执法对在自由贸易区内建设高效率和竞争

性市场及提高消费者福利具有重要性，要求缔约国加强消费者保护，主要内容包括：（1）要求缔约方采取或维持法律或法规，以禁止欺诈或欺骗性商业行为；（2）缔约方之间加强合作和协调有效应对跨越国境的欺诈和欺骗性商业行为；（3）缔约国应推动就涉及欺诈和欺骗性商业行为方面开展合作与协调，在负责消费者保护执法机关或官员之间开展合作和协调。

3. 透明度要求

CPTPP 要求缔约国认识到使其竞争执法政策尽可能透明的重要性，并要求缔约国：（1）努力维护和更新在透明度方面具有重要价值的竞争法律与政策数据库；（2）应请求提供有关本国竞争法的执法政策和实践（包括免于适用和责任互免）的公开信息；（3）保证认定违反其国家竞争法的最终决定以书面形式作出，对于非刑事案件，列出事实认定和论证过程；（4）保证公布违反其国家竞争法的最终决定及执行该决定的任何命令，或在公布不可行的情况下，以使利害关系人和其他缔约方知晓的其他方式向公众提供。

4. 对国有企业与指定垄断的规制

对国有企业与指定垄断核心规制是遵守"竞争中立"原则。"竞争中立"始于澳大利亚，在 1993 年《坎佩尔报告》中首次正式提出。2011 年，OECD 逐步开始对"竞争中立"原则进行研究，并于次年发布《竞争中立——在公共和私营企业之间保持公平竞争》报告。根据该报告，竞争中立是指在经济市场中经营的任何实体都不受不当竞争优势或劣势的影响。竞争中立的核心目标是保持公共企业和私营企业之间的公平竞争。OECD 在其报告中明确"竞争中立"应从八个方面确立具体目标，这八个方面分别是：简化政府商业的运作模式、确定任何给定功能的成本、实现商业回报率、公共服务义务的核算、税收中立、监管中立、债务中立与直接补贴、公共采购等[①]。在多边或双边国际经贸协议实践中，很少有协议对"竞争中立"的概念和内涵进行阐释，更多的是采取置入竞争政策和国企与指定垄断规则，CPTPP 就是如此。CPTPP 国有企业与指定垄断规则主要内容包括以下几个方面。

---

① OECD. Competitive neutrality Maintaining a LeveL PLaying FieLd between PubLiC and Private business. 2012. https：//www.oecd‑ilibrary.org/industry‑and‑services/competitive‑neutrality_9789264178953‑en.

（1）授予职权。国有企业、国家企业和指定垄断行使任何监管、行政或其他政府职权时遵守竞争中立义务①。

（2）非歧视待遇和商业考虑。所谓商业考虑是指价格、质量、可获性、适销性、运输及其他购买或销售的条款和条件，或相关行业或产业的私营企业在商业决策中通常考虑的其他因素。本项有两点具体要求：一是每一国有企业在其购买或销售货物或服务时依照商业考虑行事，给予另一缔约方企业或外资企业国民待遇和最惠国待遇。二是指定垄断在相关市场购买或销售垄断货物或服务时依照商业考虑行事；给予另一缔约方企业或外商投资企业国民待遇和最惠国待遇；不使用其垄断地位在非垄断市场上直接或间接从事消极影响贸易或投资的反竞争行为②。

（3）法院和行政机构要求。法院对于基于在其领土内开展的商业活动而针对外国政府拥有或通过所有者权益控制的企业所提起的民事诉讼的管辖权；监管国有企业的任何行政机构以公正的方式对其所监管的企业，包括不属国有企业的企业，行使其监管自由裁量权③。

（4）非商业援助要求。本项具体规则主要包括以下几点：一是缔约方不得通过使用其直接或间接向其任何国有企业在所从事的货物的生产和销售、向另一缔约方领土提供服务或通过向另一缔约方领域投资企业在该另一缔约方领土内提供服务等方面提供的非商业援助，而对另一缔约方的利益造成不利影响；二是国家企业和国有企业不得通过使用该国家企业或国有企业向其任何国有企业在上述方面提供的非商业援助而对另一缔约方的利益造成不利影响；三是不得使用其直接或间接向其他缔约方投资的任何国有企业所提供的非商业援助对该另一缔约方的国内产业造成损害④。

（5）透明度要求。本项具体规则主要包括以下几点：一是公开提供其国有企业名单，且应每年更新；二是公开提供对垄断的指定或对现有垄断范围的扩大及其指定所含条件；三是经另一缔约方书面请求，应迅速提供关于一国有企业或政府垄断的影响缔约方之间的贸易或投资的信息；四是应另一缔约方书面请求，一缔约方应迅速书面提供关于其已采取或维持的提供非商业

---

① 参见 CPTPP 第 17 章 国有企业和指定垄断 第 17.3 条。
② 参见 CPTPP 第 17 章 国有企业和指定垄断 第 17.4 条。
③ 参见 CPTPP 第 17 章 国有企业和指定垄断 第 17.5 条。
④ 参见 CPTPP 第 17 章 国有企业和指定垄断 第 17.6 条。

考虑援助的任何政策或计划的影响或可能影响缔约方之间贸易或投资的信息，且提供的信息应足够具体①。

（二）RCEP 竞争政策规则

RCEP 没有单独的国有企业与指定垄断章节，相较于 CPTPP 而言，竞争政策条款内容较少。RCEP 承认每一缔约方拥有制定、规定、管理和执行其竞争法律、法规和政策的主权权利，在竞争法和竞争政策领域的能力和发展水平存在重大差异②。在规定具体规则时考虑到了这类差异，主要内容包括以下三方面。

1. 针对反竞争行为的适当措施

具体规则内容主要有：（1）采取或维持并执行禁止反竞争活动的竞争法律和法规。（2）建立或维持有效实施其竞争法律和法规的主管机关，并保证其决策的独立性。（3）不基于国籍、所有权等进行歧视的方式适用和实施竞争法律法规，任何排除适用或者豁免适用应当透明并且基于公共政策或公共利益的理由。（4）竞争法律和法规、实施此类法律和法规的任何指南、处罚或者救济的最终决定或命令的理由可公开获得。（5）保证在对进行处罚或者救济之前提供关于违反竞争法律或法规而受到指控的原因；在可能的情况下，提供听取其意见和提交证据的公平机会。（6）在遵循保护机密信息所需的任何修订的情况下，使受到处罚或救济的人或者实体获得任何最终决定或命令的理由，以及由此提出的任何上诉。（7）在其竞争法律和法规项下受到处罚或救济的任何人或者实体可以获得对该处罚或该救济的独立审查或上诉。（8）认识到及时处理竞争案件的重要性③。

2. 信息保密

本项具体规则包括：（1）不得要求缔约方共享与其法律、法规和重大利益相抵触的信息。（2）共享保密信息以及对此类信息的使用应当基于有关缔约方同意的条款和条件。（3）接收信息的缔约方应当对收到的信息保密、收到的信息仅能用于请求时披露的目的、不得在法院或法官进行的刑事诉讼中

---

① 参见 CPTPP 第 17 章 国有企业和指定垄断 第 17.10 条。
② RCEP 第十三章 竞争 第二条。
③ RCEP 第十三章 竞争 第三条。

使用收到的信息作为证据、不向未经提供信息的缔约方授权的任何其他机关、实体或者人披露收到的信息等①。

3. 消费者保护

本项主要内容包括：（1）认识到消费者保护法律和此类法律执法的重要性及开展合作的重要性。（2）采取或维持禁止在贸易中使用误导性做法、虚假或误导性描述的法律或法规。（3）认识到提高对消费者投诉机制的认识和利用这些机制的重要性。（4）在具有共同利益的与消费者保护相关的事项上进行合作②。

四、国际经贸规则中的高效政务服务要求

从相关投资条约、自由贸易协议以及国际组织投资便利化文件来看，国际经贸规则文件均没有使用高效政务服务的概念。但 OECD 强调为投资者提供高效精简的规则和程序，UNCTAD 强调提高投资行政程序的效率，而金砖五国则采用"提高行政效率"的提法。CPTPP 没有直接关注行政程序的效率问题，但规定了建立便利化委员会来监管缔约国的行政便利化问题，实质上是将缔约国国内的行政规则及程序置于公约的约束之下。RCEP 投资章第 17 条投资便利化第 1 款第 2 项规定"简化其投资申请及批准程序"，第 4 项规定"提供经营执照和许可方面的便利"等。前者是高效简化行政程序，后者是高效的政务服务。从世界银行《营商环境指数》来看，其十项指标既包括高效投资行政程序，也包括投资政务服务。实践中，我国在"放""管""服"改革理念下，更多强调了从管理到服务的转变，将行政程序的简化和效率提高，都纳入政务服务的范围之内。在营商环境国际化目标下，世界银行《营商环境指数》关于全流程高效政务服务标准，即当前存在的高标准政务服务便利化要求。全流程政务服务首先要求与投资相关的行政程序，如开办企业、办理许可证、登记财产、缴纳税费、办理破产等方面尽可能减少程序环节，并尽可能缩短办理时间，形成高效的政务程序；并提供高效的基础服务③。

---

① RCEP 第十三章 竞争 第五条。
② RCEP 第十三章 竞争 第七条。
③ 罗培新. 世界银行营商环境评估：方法·规则·案例［M］南京：译林出版社，2020：3.

第二节 自贸区外商投资公平公正待遇制度现状及其创新完善

正如上文所述，公平公正待遇需要体现非专断与非歧视、提供一个稳定和可预期的法律框架、避免政府胁迫与干扰、保护合理期待。公平公正待遇是当前在投资领域普遍接受的国际经贸规则。我国法律上并没有明确公平公正待遇的概念，但在具体法律法规方面有许多条款体现公平公正待遇，为与国际经贸规则接轨，我国在法律制度及实践中需要逐步完善并创新公平公正待遇制度。

一、国家层面外商投资公平公正待遇法律制度

中国2018年颁布的《外商投资法》规定了较多体现公平公正待遇的条款。国务院随后出台的《外商投资法实施条例》做了更为详细的规定。

（一）法律适用的平等与不歧视

法律的平等适用即在法律适用上的不专断与非歧视。尽管《外商投资法》并没有明确具体规定针对外商投资平等适用法律，但明确规定对外商投资实行准入前国民待遇加负面清单管理制度。准入前国民待遇相较于一般的国民待遇而言，是将国民待遇范围扩展到外商投资准入之时。国民待遇概念本身即蕴含着在适用法律方面内外资不能区别对待。例如，RCEP投资章第3条"国民待遇"规定，"在投资的设立、取得、扩大、管理、经营、运营、出售或其他处置方面，每一缔约方给予另一缔约方投资者和所涵盖投资的待遇应当不低于在类似情形下其给予本国投资者及其投资的待遇"。该条国民待遇的要求蕴含的前提条件是缔约国在投资的设立、取得、扩大、管理等方面首先应做到在适用法律上不得歧视。国务院《外商投资法实施条例》具体化了平等适用的法律范围，主要包括政府及其有关部门在政府资金安排、土地供应、税费减免、资质许可、标准制定、项目申报、人力资源政策等方面依法平等对待外商投资企业和内资企业等内容。

(二) 政策适用的平等与不歧视

政策在我国经济社会发展中起着重要作用。法律要求稳定性，需要在较长的一定时期内不可以变化，而政策具有相对的灵活性，可以根据实际情况的变化而随时调整。《外商投资法》第9条规定，只要是法律规定的支持企业发展政策的都应当平等适用。而平等适用的重点则是国家支持企业发展的各项政策，既包括中央层次支持企业发展的各项政策，也包括地方各级人民政府制定的支持企业发展的各项政策。国务院《外商投资法实施条例》规定的内容主要有两项：(1) 支持企业发展的政策应当依法公开；(2) 对政策实施中的事项及条件应公开，并平等对待外商投资企业和内资企业。

(三) 标准适用的平等与不歧视

《外商投资法》第15条规定，"国家保障外商投资企业依法平等参与标准制定工作"，"国家制定的强制性标准平等适用于外商投资企业"。具体而言，标准适用的平等与不歧视主要包括立法的平等参与及强制性标准的内外资平等适用。在标准制定方面：一是平等参与国家标准、行业标准、地方标准和团体标准的制定、修订工作；二是可根据需要自行制定或者与其他企业联合制定企业标准。具体方式上可以向标准化行政主管部门和有关行政主管部门提出标准的立项建议，提供信息反馈、提出意见和建议，并可承担标准起草、技术审查的相关工作以及标准的外文翻译。在标准适用方面：国家制定的强制性标准内外资企业平等适用，不得专门针对外商投资企业适用高于强制性标准的技术要求[1]。

(四) 权利保护的公平公正

投资与投资者权利受到公平公正的保护是投资便利化所要求的重要基础条件之一。所谓的公平公正保护即意味着在一般情况下的平等保护，也意味着特殊情况下的特别保护及不歧视。《外商投资法》及《外商投资法实施条例》的规定特别突出了这一点。一般情况下的平等保护包括政府机关及其工作人员依法保护外国投资者、外商投资企业的商业机密、知识产权等内容。

---

[1] 参见国务院《外商投资法实施条例》第13条，第14条。

特殊情况下的特别保护主要是针对外商投资的外来性而规定的，例如国家对外国投资者的投资非特殊情况、非以法定程序不实行征收；外国投资者在中国境内的出资及合法所得可自由汇入、汇出；地方各级人民政府应当履行向外国投资者、外商投资企业依法作出的政策承诺以及依法订立的各类合同；建立外商投资企业专门的投诉工作机制，以保护诉权等。在不歧视保护方面，如行政机关及其工作人员不利用行政手段强制或者变相强制外国投资者、外商投资企业转让技术。

（五）投资管理的平等与歧视

投资管理的平等与不歧视主要是根据准入前国民待遇和负面清单管理模式而制定的相关规则。根据《外商投资法》等相关法律，投资管理方面的平等与不歧视的基本原则是外商投资准入负面清单以外的内外资一致。具体内容包括：（1）按照与内资一致的条件和程序，审核外国投资者的许可申请，法律、行政法规另有规定的除外；（2）外商投资企业的组织形式、组织机构及其活动准则平等适用中国法律；（3）外商投资企业开展生产经营活动，应当遵守法律、行政法规；（4）外国投资者参与经营者集中的，平等适用中国《反垄断法》等。

二、中国区域层次的公平公正待遇规则

区域层面的投资便利化制度主要体现在各自贸区或者自贸港的相关法律和地方性法规之中。早期的自贸区，如上海自贸区、广东自贸区等，作为自由贸易试验区的先行者，对于投资便利化的具体内容并没有作出详细的规定。在《外商投资法》制定之后出台的自由贸易试验区条例则开始关涉一部分的投资便利化内容。当前，投资便利化制度内容规定较多的是全国人大常委会2021年6月通过《海南自由贸易港法》。之后，上海、广东、江苏等地相继出台了促进和保护外商投资的地方性法规①，规定了较多的投资便利化规则。

---

① 当前与外商投资相关的专门性地方性法规主要有：《上海市外商投资条例》（2020年9月）、《广东省外商投资权益保护条例》（2022年1月）、《深圳经济特区外商投资条例》（2022年8月）、《大连市外商投资促进条例》（2023年8月）、《江苏省促进和保护外商投资条例》（2023年9月）、《北京市外商投资条例》（2024年5月）。

这些自贸区条例或有关外商投资的地方性法规，基本上都规定了公平公正待遇的具体规则。

（一）自贸区条例中的公平公正待遇规则

整体而言，我国现有的自贸区或自贸港制定的相关条例与地方性法规既体现了对上位法的具体化，也体现了具体制度的创新，但公平公正待遇的条款存在较少。2021年6月通过的《海南自由贸易港法》第三部分规定了投资自由便利。本部分的立法目标是营造公开、透明、可预期的投资环境。该法第20条规定了依法保护在海南自由贸易港内的投资、收益和其他合法权益；第23条规定了依法保护知识产权。这些条款不区分内外资进行保护，体现了公平公正待遇的内涵。2022年3月出台的《中国（北京）自由贸易试验区条例》第12条规定"按照内外资一致的原则实施管理；外商投资企业依法平等适用国家支持企业发展的各项政策"；第13条规定了建立投诉工作机制。这些规定同样体现了公平公正待遇的内涵，但整体而言，各个自贸区的地方立法并没有在这些方面规定更为具体化的内容，甚至还没有超过国家层析相关法律法规的具体内容。

（二）地方性法规中的公平公正待遇条款

当前已经出台的省、市外商投资相关地方性法规都较为详细地规定了公平公正待遇条款，但不同省、市的立法具体化的侧重内容有所不同。例如，《上海市外商投资条例》强化了以下几个方面的平等与歧视：（1）支持企业发展的措施依法平等对待外商企业；（2）平等利用公共资源交易平台参与政府采购、招标投标、土地出让、产权交易等活动；（3）依法严格保护外国投资者、外商投资企业的知识产权；（4）依法保障外商投资企业公平参与政府采购；（5）外商投资企业依法平等参与地方标准的制定、修订工作。《江苏省促进和保护外商投资条例》规定得较为细化，该法第9条强调了各级人民政府依法平等对待市场主体，不得针对外商投资企业制定、实施或者变相实施歧视性政策措施，确保外商投资企业在要素获取、资质许可、经营运行、招标投标、税费减免等方面享受平等待遇；第11条规定外商投资企业依法平等参与制定、修订标准工作方面，扩大了平等参与的方式，允许外商企业可以依法自行制定或者与其他企业联合制定企业标准，同时强调禁止利用标准实施妨碍外商投资企业参与公平竞争的行为;该法第11条特别规定了科研的平等参与及科研平台的平等共享①。《北京市外商投资条例》在外商投资领域强调同时加强知识产权行政保护和司法保护及协同机制的建立②。《中国(河南)自由贸易试验区条例》在公平公正待遇方面规定了:(1)保护外商投资者的合理逾期,没有法律、行政法规依据的,不得减损外商投资者企业的合法权益或者增加其义务;(2)不得干预外商投资企业的正常生产经营活动③。

三、自贸区公平公正待遇制度存在的不足

中国自贸区有关公平公正待遇的规则,从法律渊源上来讲,除了国家层次的法律、法规及部门规章之外,主要是上述法律规范。如果对照第一部分国际经贸规则中公平公正待遇的确定内涵,并从制度、规则、管理、标准等制度型开放的标准来看,主要存在以下问题。

(一)有关公平公正待遇的法律制度不完善

从上文可知,我国无论中央还是地方性立法,很少使用公平公正待遇的概念,同时也没有明确公平公正的内涵与范围。作为普遍适用和上位法的《外商投资法》对相关内容规定得较为抽象,虽然有利于法律的普遍适用,同时保持了法律的稳定性,但作为下位法和执行法的地方性法规,大部分相关规则只是将上位法条文移植在规定中,有些只是做了文义上的解释。法律规则是一个体系,下位法特别是直接面对执行实践的地方性立法不仅要具体

---

① 《江苏省促进和保护外商投资条例》第十六条规定:支持外商投资企业平等参与研发平台建设、政府科技计划项目等申报,并享受配套政策扶持。鼓励外商投资企业及其设立的研发中心承担重大科研攻关项目。纳入共享服务平台的大型科研仪器、设施按照国家和省有关规定面向外商投资企业开放共享。鼓励外商投资企业发挥资本和技术优势,加大研发力度,与高等院校、科研院所、企业等开展合作,提高科技创新能力和产业竞争力。

② 《北京市外商投资条例》第二十二条第二、第三款规定,市知识产权部门应当会同有关部门健全知识产权快速协同保护机制和纠纷多元化解决机制,平等保护外国投资者和外商投资企业的知识产权。本市各级人民法院对外商投资知识产权案件的财产保全、证据保全、行为保全申请,应当按照法定期限受理、审查、作出裁定。对于故意侵害知识产权,情节严重的,依法适用侵权惩罚性赔偿。

③ 参见《中国(河南)自由贸易试验区条例》第15条第二款规定,"各级人民政府及有关部门制定涉及外商投资的规范性文件,没有法律、行政法规依据的,不得减损外商投资企业的合法权益或者增加其义务,不得设置市场准入和退出条件,不得干预外商投资企业的正常生产经营活动"。

化上位法的具体内容，还需要考虑到实践中规范所调整的范围更为丰富，以及相应的执行规则问题，但我国相关的自贸区立法并没有达到这个标准。主要表现如下：其一，很多自贸区或其他地方性立法并没有详细规定在地方性立法层次应当实现的平等与不歧视。其二，自贸区的地方性立法对公平公正的规则内容和适用范围规定非常模糊。例如，在保护合理期待方面，相关的自贸区立法的抽象性和执行规则的缺乏性，并没有形成稳定的和可预期的法律制度框架。具体到某一项制度，比如《外商投资法》规定的政府作出的承诺应当遵守，相关的自贸区地方性立法并没有确定哪些承诺，以及如何保证遵守承诺等。

(二) 体现公平公正待遇的保护与管理体制未完全建立

从逻辑体系上而言，《外商投资法》既专章规定了投资促进，也专章规定了投资促进和投资管理，三者是相互独立的。但公平公正待遇一般要求在立法、执法、司法的全过程不能造成武断、不合理或者歧视性待遇[①]。自贸区应当建立完善的体现外商投资公平公正待遇的保护与管理体制。从保护的角度而言，不仅要求体现权利保护的平等性，也要求对各类合法的权利提供完整的保护。此类保护，不仅是执法过程中的保护，也包括司法过程中的平等保护。从管理的角度而言，不仅要求管理制度体现平等与不歧视，也要求管理执法的过程是平等与不歧视的，同时也要求管理或者执法的结果也是公正合理的。但从当前各个自贸区出台的相关法规及措施来看，保护与管理方面只是重点提及了一些权利和一些保护及管理方式，并没有形成具体的机制。

(三) 公平公正待遇的监督与救济机制未完全建立

从实践来看，国内规则与国际经贸规则中的公平公正待遇相衔接，更多的是对一国产生效力的国际规则中规定的公平公正待遇在国内得以实现。如果从结果考虑，一个完善的制度不仅需要监督机制，也需要救济机制。从当前自贸区的实践来看，对在实际立法、执法及司法过程中保证公平公正待遇的实现并没有形成监督制度。从规则在社会实践运行中规范效力角度而言，

---

① 顾天杰. 公平公正待遇限制下的国内法：对绝对待遇标准的再反思 [J]. 国际经济法学刊, 2023 (3)：143-156.

存在违反规则的现象是必然的。因而，需要建立相应的救济机制以纠正和衡平权利的损害。但现有的自贸区，大部分只是提及建立一些救济机制，但救济机制如何具体化还远远不足。

四、自贸区公平公正待遇制度的创新及完善

（一）完善稳定的可预期的法律制度与规则体系

自贸区作为贸易投资便利化制度创新的试验田，是国际经贸规则中的公平公正待遇在地方实践的重要区域，需要建立稳定的可预期的自贸区法律制度体系：（1）建立纳入公平公正待遇的自贸区立法机制。在立法程序中，特别是在立法论证阶段，要形成科学的公平公正待遇规范论证体系；（2）自贸区法规要体现上位法的具体化，例如具体化法律平等适用的各个层次制度的内涵和要求；（3）规则制定应当考虑长远，具体的政策及执行制度机制应具有长期的稳定性；（4）规则制定及修改应当考虑合理预期，并明确哪些制度长期保持不变等内容。通过以上立法过程中的制度创新，形成稳定的可预期的地方性法律框架。

（二）完善体现公平公正待遇的地方性保护与管理体制

自贸区需要从以下几个方面建立体系公平公正待遇的保护与管理机制：（1）建立可执行的内外资一体保护机制，全面内化负面清单之外的国民待遇，并对各项合法权利进行保护；（2）根据外商投资性质，建立特定权利保护机制，如合理的成本及利润汇兑制度，特定的外资融资保护机制；（3）建立地方性公共服务平台的平等使用制度；（4）建立执法与司法一体化保护机制，形成全程保护；（5）建立政府及行使公权力机构的正常经营的不干预制度，明确政府检查、考察的界限、细则，以及具体程序；（6）针对外资的专门性管理制度，需要通过合理适当的论证及管理执法合理性论证。

（三）公平公正待遇的监督与救济机制

自贸区需要从以下两个方面建立公平公正待遇的监督与救济机制。

一是结合营商环境优化，建立相应的评估监督机制。建立单独的公平公

正待遇监督机制也可与营商环境评估机制相结合，建立综合性的评估监督机制。具体包括：（1）建立政府部门的独立评估监督机制，明确其职责范围，具体监督内容与程序等；（2）建立第三方独立评估监督机制，制定相应的评估标准，监督的形式及内容等。

二是完善特定的申诉投诉救济机制。2020年商务部制定了《外商投资企业投诉工作办法》，之后上海市、海南省、深圳市等省市也制定了相应的投诉工作办法。这些地方性规范文件主要包括投诉的提出与受理、投诉处理、投诉工作管理等方面的内容，但从整体设计来看，还存在以下缺陷：（1）投诉受理机构主体不明确，缺乏独立性；（2）投诉受理范围模糊；（3）处理结果缺乏效力。因而，从救济的角度而言，需要从以上三个方面进行制度创新。

第三节 自贸区外商投资领域透明度规则现状及其创新完善

透明度是当前国际经贸规则在投资贸易自由化便利化方面的一项重要制度。我国在外商投资领域国家和地方层次加强透明度方面还是取得了很大进步，但与高标准国际经贸规则的要求还存在很大差距。

一、国家层面有关外商投资透明度的相关立法

《外商投资法》与《外商投资法实施条例》在透明度方面主要规定了以下几个方面的内容：（1）法律、法规及政策的公开。公开的内容包括政府及有关部门制定的支持企业发展的政策，申请办理相关条件、程序及生产经营活动密切相关的规范性文件等。未经公布的规范性文件不得作为行政管理依据。（2）制定与外商投资有关的行政法规、规章、规范性文件等，听取外商投资企业和有关商会、协会的意见，并应以适当的方式反馈。（3）对法律、法规、规章、规范性文件、政策措施和投资项目信息等，进行充分的宣传、解释，并提供咨询和指导。（4）标准透明。提高标准制定、修订的透明度，推进标准制定、修订全过程信息公开。

二、地方层次体现透明度要求的相关规则

尽管国际经贸规则对透明度的适用范围越来越大，要求也越来越严格，但国际条约中的透明度规则仅要求国家层次的法律规则符合透明度要求，一般不要求地方层次法律规则等符合透明度要求。由于自贸区的规则创新主要目标不是透明度规则的创新，因而，相关规则在自贸区立法中几乎没有。地方与透明度相关的法律法规规则主要体现在专门性外商投资法律规范中，但相应的内容仍然较少。例如，《北京市外商投资条例》在透明度方面仅规定了以下几点内容：（1）与外商投资有关的规范性文件应当依法及时公布，未经公布的不得作为行政管理依据；（2）规范性文件，应当结合实际，合理确定公布到施行之间的时间；（3）对法规、规章及其他规范性文件，应当进行解读，并根据需要公布实施指引或者案例指引。《上海市外商投资条例》则强调了营造透明的市场环境，要求法规、规章、规范性文件，应当以易读易懂的方式进行解读，提供相应的英文译本或者摘要，并可以根据实际情况，提供多语种译本或者摘要。

三、自贸区有关透明度规则存在的问题

从我国自贸区和区域地方立法来看，主要存在以下问题。

（一）透明度地方立法不足

从对我国自贸区立法和外商投资地方性立法的整体考察来看，相关立法内容较少。我国地方立法，特别是自贸区立法，应当对透明度规则做更具体化的规定。首先，从国际经贸规则的发展趋势来看，越来越多的国际投资协议或者自由贸易协议都将透明度作为一项重要的原则来对待，其规则内容和要求越来越具体化。其次，国际投资仲裁特别重视透明度原则，国际仲裁机构也频频修订其投资仲裁规则，促使透明度规则趋于精细化、全面化。再次，一般认为，保持有关政策、法律、规则及相应程序的适当透明度是外商投资者获得公平公正待遇、公平竞争的关键因素和指标。最后，我国参加的众多国际投资条约或自由贸易协议，其中大部分都有对透明度的要求。地方政府

实施并对接相应规则要求，即使不是条约规定的直接义务，也是一项间接义务。因此，自贸区在规则制度创新中，需要在自贸区层面的立法中具体化相应规则，以便更好与国际经贸规则接轨。

（二）透明度制度体系不完善

我国各个自贸区不仅在自贸区立法层次上规定透明度规则较少，在具体化的透明度制度方面也乏善可陈。从《全球投资便利化全球行动清单》及 CPTPP 透明度规则来看，透明度体系至少应包括两个方面，即法律、制度、规范、政策、措施等的及时公布和行政程序的透明。首先，自贸区制度体系既没有规定详细公开的法律、制度、规范等的具体化范围，也较少规定公开的制度和具体措施。特别是便利外商投资者的措施。其次，自贸区在行政程序透明方面还存在不足。行政程序透明，不仅要求具体行政行为做出的规则明了，而且要求合理的提前通知，以及向直接受到程序影响的人提供合理机会以便在最终行政行动前提供支持其立场的事实和论据，并给予复审、上诉和辩护的机会。尽管我国经过多年的"放、管、服"改革，在行政程序透明方面取得了很大进步，但在一些特定的行政行为做出方面还存在诸多不透明情况。

（三）透明度审查监督体系未建立

从国际经贸规则的要求来看，透明度不仅是制度体系，更是制度规则运行应当遵守的原则。有关外商投资的法律制度及其运行环境都需要深度的公开透明。特别是行政程序的公开透明，因行政机关需要针对千变万化的经济社会状况，及时做出行政行为，难免在执行过程中出现某些应当公开透明却没有做到的情况。特别是在做出行政行为之前确保直接受到行政行为影响的个人获得充分的行政行为信息，往往存在不足之处。因此，需要建立透明度审查和监督机制，不断提高制度运营及环境的透明度。

四、自贸区有关透明度制度的创新与完善

自贸区在制度创新方面，应当充分接轨和吸纳国际经贸规则中的透明度规则，完善自贸区相关规则制度体系：

其一，完善自贸区透明度规则立法。自贸区可在立法权限范围内明确各级政府的透明度义务及具体范围，有利于外商投资者的透明度具体措施及具体的行为规范。

其二，完善自贸区透明度制度体系。一是建立各个层级政府的透明度清单，并依据清单制定相应的行为规范。二是建立行政程序透明规则，特别是要求行政行为做出机构建立行政行为充分调查机制、信息沟通机制，行政相对人合理的辩护制度，有效的申诉机制。

其三，建立自贸区透明度审查与监督机制。自贸区应当充分认识透明度规则的构建及其有效实施，对构建市场化法治化国际化营商环境及充分融入RCEP等国家间区域贸易安排有着特别重要的意义，在县区级以上政府建立内部的透明度监督机制和独立的第三方透明度审查机制，不断提高制度运行透明度，从而更有利于创造便利化的投资环境。

第四节　自贸区竞争政策制度现状及其创新完善

尽管竞争政策与竞争中立在概念内涵上难以割裂，广义上的竞争政策应当包含竞争中立，但因竞争中立更多关涉国有企业和指定垄断，本节将整体讨论竞争政策与国有企业垄断问题。

一、可适用于自贸区的国家层面竞争政策法律规范

与经济发达国家相比，我国有关竞争政策的立法较晚。我国于1993年制定了《反不正当竞争法》，之后，根据我国经济市场化程度的不断提高，经济总量、市场规模、市场竞争程度和竞争状况的深刻变化，以及相关法律的修订，于2017年、2019年进行了两次修订，使之更符合我国国情。我国2007年制定的《反垄断法》从垄断协议、滥用市场支配地位、经营者集中、滥用行政权力排除、滥用限制竞争、对涉嫌垄断行为的调查等六个方面，对竞争政策问题进行了基本的框架性的规定。2022年全国人大对《反垄断法》进行了修订，将"强化竞争政策基础地位"作为一项原则纳入法律规范，规定了公平政策审查制度，强调了行政机关和法律法规授权的组织不得滥用行政权力妨碍其他经营者进入相关市场或者对其他经营者实行不平等待遇及排

除、限制竞争等内容。

国务院和相关部委根据上位法制定了一系列有关竞争政策的法规与部门规章。这些法规或部门规章包括国务院2019年制定的《优化营商环境条例》、2024年制定的《公平竞争审查条例》，市场监管局2023年制定的《制止滥用行政权力排除、限制竞争行为规定》《禁止垄断协议规定》《禁止滥用市场支配地位行为规定》《经营者集中审查规定》《经营者集中反垄断合规指引》等规章文件。《优化营商环境条例》第5条规定，国家加快建立统一开放、竞争有序的现代市场体系，依法促进各类生产要素自由流动，保障各类市场主体公平参与市场竞争。《公平竞争审查条例》从审查标准、审查机制、监督保障等方面对公平竞争审查等进行了详细的规定。公平竞争的审查标准主要包括：政策措施不得含有限制或者变相限制市场准入和退出、限制商品及要素自由流动、影响生产经营行为等内容；没有法律依据或者未批准，不得含有影响生产经营成本的内容。公平竞争的审查机制主要包括：起草单位自身在起草阶段的审查；由市场监督管理部门会同起草单位在起草阶段的审查；审查过程中听取意见、保护国家秘密、商业秘密和个人隐私等内容。

当前，我国有关竞争政策的立法目标是维护市场公平，营造公平竞争的市场环境。我国有关竞争政策吸纳了竞争中立规则，同意对国有企业参与市场竞争行为进行约束，给予非歧视待遇，但不具有对国有企业单独规制的作用。特别是，我国竞争政策与体现欧美规则的CPTPP竞争规则显著不同。CPTPP竞争政策规则主要针对国有企业及具有特殊权利的企业进行规制，主张对国有企业彻底完全的约束，限制对其补贴及其参与市场活动的范围。而我国所提倡的竞争政策是以市场化为基础，对国有企业参与市场制度进行规范，以避免国有企业扭曲市场，进而维护市场公平竞争[①]。

二、自贸区有关竞争政策的法律规范

竞争政策是我国在高水平对外开放的过程中逐渐得到重视和推进的，整体上晚于自贸区建设，因而，我国各个地方针对自贸区制定的规范很少涉及竞争政策问题。地方性立法更多的是将竞争政策归属于营商环境建设范畴。

---

① 钊阳. 对标高标准国际经贸规则路径研究［D］. 北京：对外经济贸易大学，2022：95.

当前，地方出台的营商环境法律规范通过规定公平竞争相关条款，纳入竞争政策规制。一般是从禁止限制或干涉经营自主权、公平使用生产要素和公共服务资源、政府采购公开透明、建立公平竞争协调机制等。本部分以上海、深圳、天津等地的规则为例，做一些介绍。

上海市有关竞争政策的地方立法。上海市有关竞争政策规则主要规定在《上海市优化营商环境条例》之中。主要内容包括：（1）单位和个人不得干预应当由市场主体依法自主决策的事项，不得实施摊派，不得非法实施行政强制或者侵犯市场主体合法权益的其他行为；（2）市场主体依法平等适用支持发展的国家及地方政策，享有公平使用各类生产要素和公共服务资源的权利；（3）建立健全公平竞争工作协调机制，预防和制止市场垄断和滥用行政权力排除、限制竞争的行为，以及不正当竞争行为等内容。此外，该法还规定，保障中小企业公平参与市场竞争，支持中小企业创业创新等公平竞争内容。

深圳市有关竞争政策的立法。深圳市有关竞争政策的立法主要规定在《深圳经济特区优化营商环境条例》之中，并突出了公平竞争审查制度内容。主要内容包括：（1）完善公平竞争审查联席会议制度。制定与市场主体生产经营活动密切相关的政策措施，开展公平竞争审查；对存在较大争议或者部门意见难以协调一致的问题，提请同级公平竞争审查联席会议协调；例外制定的政策措施应报送备案；鼓励社会第三方机构参与公平竞争审查工作。（2）建立涉嫌违反公平竞争审查标准的政策措施的举报、回应及纠正机制。

天津市有关竞争政策的地方立法。天津市有关竞争政策主要规定在《天津市优化营商环境条例》之中。该法第 25 条规定了依法平等保护各类市场主体；第 26 条规定促进和保障各类市场主体依法依规平等使用生产要素，公开公平公正参与市场竞争，不得设置不合理的限制或者排斥条件；第 28 条规定了维护公平竞争的市场秩序，反对垄断和不正当竞争对达成垄断协议、滥用市场支配地位、滥用行政权力排除限制竞争以及不正当竞争等行为。

三、自贸区在竞争政策方面对标国际规则存在的问题与不足

当前，我国参加的国际经贸条约和准备参加的条约，国际经贸规则标准逐渐提高，特别是我国逐渐接受了竞争中立原则。同时，在中央立法层面修改了《反不正当竞争法》《反垄断法》，国务院制定了《优化营商环境条例》

《公平竞争审查条例》等一系列竞争政策规则的情况下，自贸区立法的不完善性逐渐凸显出来。

一是自贸区竞争政策立法滞后且不完善。首先，我国中央层面积极对标高标准竞争政策规则，相关的立法开展较为迅速，但自贸区层次的立法滞后。例如，2022年修订过的《反垄断法》规定了竞争政策的基础性地位，但自贸区层次的立法并没有体现。其次，自贸区相关立法规范大多是抽象概括性规定，且有些条文是宣示的，不具有可操作性和强制执行性。甚至，很多条文比国务院的行政法规还具有概括性、原则性，根本起不到细化上位法的作用。最后，自贸区有关竞争审查制度的立法缺失。各个自贸区制定的条例没有竞争审查制度，即便在地方性的有关优化营商环境的规范中，也仅有个别省市的立法抽象性地规定了竞争审查制度，即便如此，也没有规定具体的可操作的实施机制。2024年5月，上海市浦东新区制定了全国首部公平竞争审查管理措施，即《浦东新区深化公平竞争审查若干规定》，较为详细地规定了公平竞争审查制度①。当然，相关地方立法较少的情况，也与国务院《公平竞争审查条例》出台不久、各个地方还没有来得及制定相关实施性规范有关。

二是竞争政策执法体系不完善。一方面，竞争执法未完全实现非歧视待遇。从整体来看，法律法规规定的非歧视的竞争执法，需要地方层次建立机制落实。当前，既存在一些垄断行业限制市场准入和竞争行为的现象，也存在竞争执法中的区分对待。例如，对待电力、燃气、石油等行业的变相起价垄断协议的行为，难以有效禁止。此外，自贸区在淘汰过剩产能时面临纠结，时常因税收、就业等压力而对"僵尸企业"行使地方保护之实，难以在执法过程中对所有企业一视同仁。尽管近年来我国各个地方在保持公平竞争营商化环境方面持续改进，但仍有一些自贸区内的外资企业反映在项目获得等方面与国内企业还是存在差距，也在某种意义上反映出竞争执法的不足之处②。另一方面，随着数字经济、智能经济的发展，新经济业态中出现了算法垄断、平台封禁、"二选一"协议、数据"抓取"、大数据"杀熟"等新型的

---

① 全国首部公平竞争审查管理措施今起在浦东正式施行 营造更加公平透明可预期营商环境. http://www.ahtba.org.cn/site/news/detail/427e5133-81df-4909-b603-6a921d2f501e. 2024年12月20日访问.

② 刘向东. 对接CPTPP完善中国竞争规则基础制度的建议[J]. 全球化, 2022 (4): 93-101, 135.

垄断行为与不正当竞争行为，这些行为具有专业性、技术性和隐蔽性。这些技术的使用，对非专业人士形成大数据和算法"黑箱"，传统的执法手段难以适应这类挑战。竞争法规定的执法手段主要有场所检查、询问情况、查阅和复制有关文件资料、查封和扣押相关证据等，对于互联网、数字经济等新兴领域的竞争行为略显捉襟见肘①。

　　三是公平竞争审查制度未有效建立。在 2024 年 6 月《公平竞争审查条例》出台之前，国务院曾通过规范性文件规定建立公平竞争审查机制，但由于文件的法律位阶较低，且规定过于宏观和指导性，我国各个自贸区根据本地区经济发展实际来建立公平竞争审查机制，但大多是缺乏约束力的软性机制。作为先行者的上海自贸区开展公平竞争审查机制建设的试点工作。2020 年，上海市在临港新片区率先试行公平竞争审查会审机制，并于次年在全市范围内推广公平竞争审查会审机制②。上海市人民政府 2021 年发布的《上海市营商环境创新试点实施方案》中强调，要"强化公平竞争审查刚性约束，建立举报处理和回应机制，定期公布审查结果"。上海市浦东新区作为改革试点出台了公平竞争审查方面的立法，并初步建立了较为完善审查机制。2024 年 9 月，青浦、吴江、嘉善三地积极探索建立跨区域、跨部门的公平竞争审查工作机制，尝试开展三地联合公平竞争审查交叉评估③。但整体而言，并没有形成稳定的公平竞争审查机制。

　　四是国有企业的改革与国际经贸规则的竞争中立原则存在差距。尽管我国的竞争政策立法侧重于公平竞争秩序的构建，而非限制某一类型的主体参与市场竞争，但无论是国家层面，还是自贸区层面，在国有企业改革与管理中实现竞争中立还是非常必要的。首先，"竞争中立"成为国际经贸规则之后，其对国有企业高标准要求逐渐被国际社会接受，特别是代表高水平经贸规则标准的 CPTPP 在坚持"竞争中立"原则下制定了详细的国有企业和指定

---

①　殷继国. 强化竞争政策基础地位何以实现——基于竞争政策与其他经济政策协调的视角 [J]. 法学, 2021 (7): 113 – 129.
②　上海市建立公平竞争审查重大政策措施会审机制. https://www.sac.gov.cn/cms_files/filemanager/samr/www/samrnew/jzxts/sjdt/dfdt/202303/t20230306_353602.html. 2024 年 12 月 20 日访问.
③　制度创新先行先试 探索建立跨区域、跨部门的公平竞争审查工作机制——长三角示范区三地召开公平竞争审查联合评估暨交流研讨会. http://www.shqp.gov.cn/cindu/gzdt/20240914/1210071.html. 2024 年 12 月 20 日访问.

垄断规则，且这些规则已被越南等发展中国家接受。当前，我国正积极准备加入 CPTPP，在国内各层次规则中吸纳"竞争中立"，建立规则约束国有企业公平竞争，可为加入 CPTPP 做压力及适应性测试。这也是自贸区规则创新的应有之义。其次，我国正大力推进企业"出海"，国有企业出海是我国企业出海的重要的一部分。但实践中，国有企业往往面对他国的更为严格的补贴审查和安全审查，这在一定时期内是不可避免的。因此，从促使国有企业尽可能实现境外合规，在海外顺利开展业务的角度而言，在国有企业改革中坚持"竞争中立"同样非常必要。但国有企业在某些地方和领域享受各级政府的显性或隐性优惠政策，或者来自国有企业之间、金融机构或者上下游企业之间的股权转换、融资优待和联合担保等援助行为，仍与国际高标准经贸规则中禁止非商业援助等竞争中立原则有相抵触的地方①。

四、自贸区在竞争政策方面的规则机制创新与完善

在高水平开放要求下，通过自贸区的制度完善和创新，尽快实现国内竞争政策与国际竞争规则的深入融合和接轨，构建公平竞争环境，将会促进我国双循经济体制的快速发展。

（一）完善自贸区竞争政策法律规则体系

从前文的分析来看，我国自贸区有关竞争政策的立法是碎片化的，且主要规定在优化营商环境的规范之中。因此，自贸区立法首先应当协调作为自贸区法律规范总章的自贸区条例和作为一般立法的优化营商环境规范以及其他自贸区规范的关系。基于此，建议自贸区采取如下立法安排：（1）修订现行自贸区条例，增加有关公平竞争政策的原则内容及基本制度框架安排，作为自贸区公平竞争政策制度建设的整体指导性规范。（2）制定公平竞争地方性法规，详细规定公平竞争的具体规范，例如公平竞争的规制对象、规制范围、应当遵循的整体要求和基本原则等；（3）如不能制定完备的公平竞争地方性法规，可根据国务院的《公平竞争审查条例》，制定专门针对公平竞争

---

① 刘向东. 对接 CPTPP 完善中国竞争规则基础制度的建议 [J]. 全球化，2022（4）：93-101，135.

审查的地方性法规或规章。内容主要包括明确公平竞争审查的对象、细化公平竞争审查的具体标准和内容等。例如，可根据《公平竞争审查条例》第8条的规定，详细列出违法设置审批程序、违法设置或者授予特许经营权的范围等具体化内容[①]。三是规定具体化可执行的审查机制规范，确定审查的提起主体、提起程序、受理机关、结果处理等内容。

（二）强化公平竞争执法

自贸区应当从两个方面坚持公平公正非歧视竞争执法：一是参照高标准国际经贸规则中的竞争政策要求，强化非歧视执法，特别是针对影响公平竞争的特定行为完善执法程序，严格执法。例如，针对指定垄断行为的完善公平公正执法体系。在实践中，当指定垄断企业面临反垄断处罚时，行政机关出于维护指定垄断企业的目的，往往以垄断行为得到政府授权等理由主张责任豁免[②]。针对指定垄断企业违反公平竞争行为，应建立执法机构指定垄断判断、审查、确定及救济的详细标准和程序。二是提升数据时代竞争执法水平。公平竞争执法机关建立新型垄断行为执法标准和执法程序，特别是完善执法技术工具和技术支撑体系，对大数据垄断、数据不正当竞争行为进行严格认定和有效执法。

（三）建立公平竞争多元审查评估机制

自贸区在接下来的制度建设中，应当建立公平竞争多元审查和评估机制。

1. 建立公平竞争自审查机制

一是按照国务院《公平竞争审查条例》规定的要求，建立各级公平竞争审查机制。主要内容包括：（1）建立完善的县级以上公平竞争审查机构；（2）制定本级人民政府市场监督管理部门会同起草单位在起草阶段开展公平竞争审查的内容和程序，以及起草单位开展初审的标准和程序。二是根据本

---

① 《公平竞争审查条例》第8条规定："起草单位起草的政策措施，不得含有下列限制或者变相限制市场准入和退出的内容：（一）对市场准入负面清单以外的行业、领域、业务等违法设置审批程序；（二）违法设置或者授予特许经营权；（三）限定经营、购买或者使用特定经营者提供的商品或者服务（以下统称商品）；（四）设置不合理或者歧视性的准入、退出条件；（五）其他限制或者变相限制市场准入和退出的内容。"

② 卢均晓，高少丽. 实质竞争中立研究[J]. 价格理论与实践，2019（6）：33-38，174.

自贸区实际发展需要，探索建立跨区域、跨部门的公平竞争审查工作机制。三是建立公平竞争意见听取制度。按照公平竞争审查的必要，制定相应的程序和机制，听取有关经营者、行业协会商会等利害关系人关于公平竞争影响的意见。涉及社会公众利益的，应当听取社会公众意见。如果有必要，可以建立类似听证的程序实施意见听取。

2. 建立独立第三方公平竞争审查机制

目前，各国公平竞争审查模式主要包括政策制定机关自我审查、竞争执法机构审查、政策制定机关联合竞争执法机构共同审查、外部专业机构审查[①]。当前，根据我国实际需要，主要采取政策制定机关自我审查模式。该模式一方面符合我国行政管理体制，有利于提高公平竞争审查的权威；另一方面，政策制定机关更了解政策制定目的以及更容易获得各方面信息，具有很高的审查效率。但自我审查模式也具有"既当裁判又当运动员"的审查悖论，往往还存在缺乏激励机制和审查能力欠缺等问题，在一定程度上影响公平竞争审查制度的功效[②]。公平竞争审查第三方评估机制具有以下特点：（1）独立性。公平竞争审查第三方评估具有独立于政府的地位，能够在评估过程中不被政府公权力干扰，进而得出公正的评估结果。（2）专业性。公平竞争审查第三方评估主体包括高等院校、科研院所以及专业评估公司等，评估工作一般由熟悉竞争政策的专家或精通评估技能、富有评估经验的专业人员进行，其专业性都强于政策制定机关。（3）公正性。由于第三方评估机制的评估主体独立于政策制定机关，因此其不具有偏向任何一方的利益驱动，在对拟出台政策进行评估时，能够处在不偏不倚的立场对各方利益诉求加以衡量，并最大限度地兼顾多方利益。公平竞争审查第三方评估具有的独立性、专业性、公正性等特点能很好地弥补自我审查的不足。因此，为了克服自我审查的局限性，同时发挥第三方评估机制的独特价值，我国应当引入公平竞争审查第三方评估机制。

（四）依据"竞争中立"原则改革自贸区内国有企业

国有企业因自身性质的特殊性而具备独特的竞争优势，其在与民营企业

[①] 郑和园. 公平竞争审查制度中自我审查的理论逻辑及实践路径[J]. 价格理论与实践，2017（12）：31-34.

[②] 李俊峰. 公平竞争自我审查的困局及其破解[J]. 华东政法大学学报，2017，20（1）：118-128.

竞争时享有更强的竞争力。竞争中立规则的诞生，实质上就是为了尽可能地减少政府给予国有企业的不合理的竞争优势，从而构建一个相对公平的竞争环境，使国有企业和民营企业能进行自由有序的竞争。当前的国际经贸规则对国有企业的规制越来越严格。例如，CPTPP 直接将国有企业非商业援助与补贴纪律结合起来，并且扩大和加强了非商业援助的范围和监管力度，可对他国国有企业发起反补贴调查等国内贸易救济措施。为更好地实施高水平制度型开放，自贸区应当在国有企业改革方面与高标准竞争政策接轨，开展自贸区层次的下列制度创新：（1）明确国有企业与民营企业在国民经济中的平等地位。首先，加大开放力度，逐步放开民营企业进入民生等相关行业，进行自由竞争，同时进行产业结构调整，使民营企业与国有企业在竞争过程中维持一定比例，既不限制国有企业参与竞争，也能保证各种所有制经济主体健康发展。其次，对国有企业不同职能进行明确分区，厘清国有企业的商业功能与"非商业"功能，进而提高国有企业运营的透明度，逐步降低其"非商业"功能。（2）提升国有企业透明度。继续深化国有企业"管资本"新型监管模式，给予企业更多的生产经营自主权，逐步降低国资委对企业的干预度。另外，企业也应该从自身内部出发，加大信息披露，提高监管透明度。（3）建立国有企业特殊领域的发展及资本退出机制。自贸区政府可以通过政策引导国有企业进入某些领域，如涉及民生保障、民营企业投资意愿不强烈、投资周期长、产出比无法达到最优的行业，同时建立相应的国有资本退出制度。（4）实施国有企业分类。根据国有企业运营活动的不同，区分商业性国有企业和公益性国有企业。对于前者应坚持受到竞争中立规则的约束，有必要逐步降低对该类型国有企业的支持，激发其自身经济活力。而后者主要是发挥保障民生、服务社会、提供公共产品和服务功能，应逐步引入市场机制，提高公共服务的效率和能力。（5）规制政府补贴。政府扶持国有企业最直接的方式是政府补贴，但补贴也很可能影响公平竞争。因此，政府补贴应该受到合理的管制，以防其被滥用，进而影响公平竞争，对补贴的对象、标准以及程度予以明确，防止国有企业因补贴获得不合理竞争优势[①]。

---

① 胡海涛，刘玲，董婷婷. 竞争中立视野下国有企业法律治理研究［J］. 河北科技大学学报（社会科学版），2021，21（1）：29-36.

第五节　自贸区政务服务与公共服务便利化制度创新

政务服务与公共服务的便利化是我国自贸区制度创新和构建法治化便利化国际化营商环境的重点。自由贸易试验区立法与其他地方省级优化营商环境立法在便利化方面取得了很大成果，但与世界银行宜商环境指数所确立的标准相比还存在差距。

一、自贸区条例有关政务服务与公共服务便利化规则

各自贸区有关政务服务与公共服务便利的内容相对较少，但一些自贸区最近出台的自贸区条例则参照世界银行营商环境指数标准进行了原则性的规定。

（一）自贸区有关政务服务便利化的规则

这些规则主要包括有关企业设立运营的全流程政务服务便利化、跨境投资贸易的政务服务便利化、财税政务服务便利化、数字化政务服务便利化等内容。

1. 有关企业设立运营的全流程政务服务便利化规则

全流程政务服务便利化主要包括市场主体设立、经营、注销及破产程序的政务服务便利化。这方面，海南自由贸易港制度化创新走在了前列。《海南自由贸易港法》第21条规定，"海南自由贸易港按照便利、高效、透明的原则，简化办事程序，提高办事效率，优化政务服务，建立市场主体设立便利、经营便利、注销便利等制度，优化破产程序"。之后，海南自由贸易港制定了《海南自由贸易港市场主体登记管理条例》《海南自由贸易港市场主体注销条例》《海南自由贸易港企业破产程序条例》等地方性法规。主要内容包括：

（1）市场主体设立政务服务便利化。例如，海南自由贸易港《市场主体登记管理条例》规定，海南自由贸易港实行市场主体登记确认制；实行市场主体自主申报登记制度，实行全程电子化登记；同时规定了简明的登记条件

和材料，申请人可以通过市场主体登记平台以自主申报、事先承诺的方式办理名称登记等具体化的制度。

（2）市场主体注销政务服务便利化规则。例如，《海南自由贸易港市场主体注销条例》详细规定了市场主体应当注销的情形、注销的申请程序和简易程序。并突出了以简易程序为主，负面清单列举不适用简易程序的情形。例如，该法第9条规定，市场主体选择申请简易注销登记程序；第8条规定了不适用简易程序的情形。此外，海南自由贸易港还规定了市场主体注销办理的行政、司法等不同机构部门的协调机制。该法第3条规定了市场监督管理部门和司法、税务、海关、人力资源和社会保障、自然资源和规划国有资产管理、金融监管、大数据等相关单位之间的信息共享和业务协同机制。

（3）破产程序高效便利化规则。例如，海南自由贸易港2021年通过的《海南自由贸易港企业破产程序条例》参照世界银行营商环境指数规定了便利化高效的破产程序规则，主要内容包括破产的管辖、破产处置工作中行政与司法协调机制、破产的申请与受理、破产管理部门和管理人、债务人财产和债权人权利行使、重整、和解、破产清算、简易程序等内容。例如，该法规第四条规定了破产处置中的行政与司法协调机制：一是政府与法院建立行政与司法协调机制，统筹推进破产处置工作，加强企业债务风险监测预警和破产信息共享，协调处理破产处置涉及的重大问题；二是政府有关部门按照职责分工，协调或者处理破产程序中涉及的社会稳定、职工权益、财产接管、资产处置、税收征管、注销登记、信用修复、费用保障、打击逃废债等相关事务；三是法院推进破产审判机制改革。同时，该法规第六章则详细规定了破产中的和解制度。

2. 跨境投资贸易的政务服务便利化规则

跨境投资贸易的政务服务便利化规则较为普遍。例如，《上海自由贸易试验区条例》第14条规定了外商投资便利化规则，该条第2款规定了工商行政管理部门组织建立外商投资项目核准（备案）、企业设立和变更审批（备案）等行政事务的企业准入单一窗口工作机制；第19条规定了通关便利化，该条规定按照通关便利、安全高效的要求，在自贸试验区开展海关监管制度创新，促进新型贸易业态发展；第20条规定了检验检疫便利化，该条规定按照进境检疫、适当放宽进出口检验，方便进出、严密防范质量安全风险的原则，在自贸试验区开展检验检疫监管制度创新。

3. 财税政务服务便利化规则

财税政务服务便利化规则在许多自贸区条例中都有规定。《河南自由贸易试验区条例》第 53 条规定了自贸试验区应当遵循税制改革和国际惯例要求，实施促进投资和贸易的有关税收政策，推进办税便利化改革，建立便捷的税务服务体系，全面落实国家各项减税降费政策。《广东自由贸易试验区条例》第 69 条规定自贸试验区应当建立便捷的税务服务体系，实施税务专业化集中审批，推行网上办税，提供在线纳税咨询、涉税事项办理情况查询等服务，逐步实现跨区域税务通办，建立信息化税收风险监测机制，提高税收征收管理和服务水平。而《海南自由贸易港法》规定了多项财税政务服务便利化规则。例如，该法第 27 条规定："按照税种结构简单科学、税制要素充分优化、税负水平明显降低、收入归属清晰、财政收支基本均衡的原则，结合国家税制改革方向，建立符合需要的海南自由贸易港税制体系。"第 31 条规定："海南自由贸易港建立优化高效统一的税收征管服务体系，提高税收征管服务科学化、信息化、国际化、便民化水平，积极参与国际税收征管合作，提高税收征管服务质量和效率，保护纳税人的合法权益。"

4. 数字化政务服务便利化规则

中国各个自贸区在政务服务规则制定时，几乎都强调了数字政府服务便利化。例如，《广东自由贸易试验区条例》第 67 条第 2 款规定，自贸试验区应当推进电子政务建设，完善自贸试验区网上办事系统，实现与省网上办事大厅对接，推行行政审批事项网上在线申报、在线办理；《浙江自由贸易试验区条例》第 4 条规定，自贸试验区应当以数字化改革为引领，加强数字经济领域国际规则、标准制定，推动传统产业数字化转型，发展数字产业、数字贸易、数字物流、数字金融，按照整体智治理念创新数字化监管服务模式，建设数字自贸区。《江苏自由贸易试验区条例》第 21 条规定，自贸试验区全面推进"互联网＋政务服务"模式，加快政务信息系统整合和数据共享，深化"证照分离"改革，持续优化审批服务。《山东自由贸易试验区条例》第 52 条规定，政府应当在城市交通、社会治安、城市管理、安全生产、公共服务等领域，运用物联网、云计算、大数据、区块链等手段，提高片区社会治理智能化水平。

（二）自贸区有关公共服务的便利化规则

公共服务便利化同样是自由贸易试验区制度创新的一部分。尽管大部分自由贸易试验区出台的《自由贸易试验区条例》几乎没有涉及具体的公共服务便利化规则，但也有些自由贸易试验区条例进行了规定。例如《重庆自由贸易试验区条例》第 49 条第 1 款规定，自贸试验区应当通过多种形式为自然人、法人和非法人组织提供投资、贸易、金融等领域及其涉及的事中事后监管等方面的政策咨询，并组织提供优质、高效和便捷的能源、通信、交通、教育、医疗、法律等公共产品和公共服务，提升公共产品质量和公共服务水平。《河南自由贸易试验区条例》对公共服务便利化的规定较为详细。该条例第 51 条规定："凡降低自贸试验区内企业要素成本，鼓励盘活闲置、废弃和低效利用的土地，支持探索建立集约节约用地新模式，积极推行区内工业用地长期租赁、先租后让、租让结合等供应模式，工业用地的使用者可以在规定期限内按合同约定分期缴纳土地出让价款。自贸试验区内登记设立的企业，区内无法满足用地需求的，可以到区外使用土地，有关地方人民政府应当予以支持。降低自贸试验区内企业用电、用气、用热、用水等成本，供电、供气、供热、供水等公用企事业单位应当优化报装流程，缩短办理时限。"

二、地方《优化营商环境条例》中的政务服务与公共服务便利化规则

各个地方出台的《优化营商环境条例》是政务服务、公共服务便利化规则的主要法律渊源，相应规则规定得较为详细，且随着条例的不断修订，便利化水平不断提高。

（一）地方《优化营商环境条例》中的政务服务便利化规则

以 2024 年新修订的《上海优化营商环境条例》为例，政务服务的便利化规则主要包括：（1）线上线下全流程一体化政务服务。一是坚持"高效办成一件事"为牵引，建设"一网通办"服务平台，促进政务服务标准化、规范化、便利化；二是建立惠企政策全流程服务工作机制；三是推进"一网通办"平台涉外服务专窗建设，为外商投资企业、外国人提供便利化政务服务；四是构建"一窗受理"综合窗口服务。（2）行政许可事项实施清单制。审批机

构会同有关行政管理部门及时向社会公布清单并进行动态调整。在行政许可事项清单之外，不得违法设定或者变相设定或者实施行政许可。（3）推行行政审批告知承诺制度。（4）企业开办全流程"一表申请、一窗领取"。（5）国际贸易"单一窗口"与通关便利化。通过国际贸易单一窗口，为申报人提供全流程电子化服务；现口岸相关市场收费"一站式"查询和办理；推动与其他经济体的申报接口对接，促进信息互联互通，便利企业开展跨境业务。（6）税费服务便利化规则。构建面向纳税人和缴费人的统一税费申报平台，精简税费办理资料和流程，减少纳税次数和税费办理时间，提升电子税务局和智慧办税服务场所的服务能力，完善税费争议解决机制。（7）知识产权公共服务便利化规则。编制完善知识产权公共服务事项清单，明确知识产权相关事项办理的内容、时限、条件等。优化知识产权业务受理流程，推进专利、商标等领域公共服务事项集中受理。

（二）地方《优化营商环境条例》中的公共服务便利化规则

《上海市优化营商环境条例》是最早在自贸区立法中规定了详细的公共服务便利化规则，主要内容包括：（1）建立便利化企业服务体系。依托线上线下服务平台实现涉企政策统一发布、专业服务机构集中入驻、企业诉求集中受理。建立中小企业服务中心，完善诉求快速处理反馈机制；建立网格化企业服务模式，建立定期走访机制；建立完善财政资金类惠企政策统一申报系统，为企业提供一站式在线检索、订阅、匹配、申报服务。（2）建立多元化沟通咨询机制。一是建立政企沟通机制；二是建立咨询优化营商环境咨询委员会，为营商环境改革提供决策咨询；三是建立咨询服务机制为企业等经营主体提供国际经贸规则的政策咨询、培训和指导等服务；四是支持行业协会、国际贸易促进组织等提供与国际经贸规则相关的专业服务。（3）建立公用基础服务便利化机制。建立公用企事业单位为企业等经营主体提供全程代办服务机制；建立公用企事业单位接入和服务的标准化，并提供相关延伸服务和一站式服务。（4）建立便利化担保登记与中小企业融资便利化制度。一是建立动产和权利担保统一登记制度；二是优化中小企业信贷产品，提高融资对接和贷款审批发放效率；三是建立健全中小企业涉诉信息澄清机制；四是设立中小微企业政策性融资担保基金，建立健全融资担保体系。（5）建立公共法律服务便利化机制，主要包括建立公共法律服务体系、创新法律服务模式、优化公证服务优化鉴定流程等。

三、自贸区政务服务和公共服务便利化典型措施

截至 2024 年 12 月，国务院已发布复制推广七批改革试点经验①和一批复制推广对接国际高标准推进制度型开放试点经验②。而各个自贸区也发布了很多在本自由贸易试验区内复制推广的措施。本部分就最近两年来较为典型的未在全国范围内推广的政务和公共服务便利化措施列举几例。

（一）广东自贸区税费数字政务服务便利化措施

2023 年 5 月，广东省人民政府发布第八批在本自贸区范围内复制推广的改革创新经验③，重点介绍了投资领域最新的数字政务便利化措施，主要内容包括：（1）多缴退税 E 管家智能政务服务。通过在电子税务局系统设置增值税涉税事项智能提醒功能，对纳税人通过电子税务局申报增值税实时监控识别增值税申报入库情况，智能提醒多缴抵欠或多缴退税，自动实现多缴退税文书填报。一次申报即可享受"纳税申报—多缴提醒—退税申请"智能化服务。（2）企业涉税风险智慧防控新机制。依托国家税务总局可信身份体系，支持网络实名认证，建立风险预警指标模型，有针对性地实现发票风险源头防范，同时应用大数据从实时体检、年度体检、自主体检三个维度全方位扫描潜在风险疑点，及时为纳税人降低涉税风险。（3）"事前防控＋事中监控＋事后管控"数字化电子发票全周期智慧风控模式。（4）运用人工智能审批发票种类核定业务。（5）不动产租赁网上委托代开发票模式。（6）信用数字化建模赋能纳税"放、管、服"改革。通过设立企业信用情况、经营情况及风险监控情况等多维指标，联通市场监管、海关、司法等部门数据，构建以税务数据为重点、公共信用数据为依托的指标体系和数据模型，实现公共信用数据与税务

---

① 国务院关于做好自由贸易试验区第七批改革试点经验复制推广工作的通知．http：//swj.jingzhou.gov.cn/xxdtswj/dtywswj/202307/t20230711_846953.shtml．
② 国务院关于做好自由贸易试验区对接国际高标准推进制度型开放试点措施复制推广工作的通知．https：//www.gov.cn/zhengce/zhengceku/202410/content_6982806.htm．
③ 广东省人民政府关于复制推广中国（广东）自由贸易试验区第八批改革创新经验的通知．http：//www.gd.gov.cn/zwgk/gongbao/2023/14/content_post_4188617.html．

数据联通，并对企业按照信用等级进行分类，提供不同标准的纳税便利举措。

(二) 浙江自贸区跨境贸易政务服务便利化措施

根据浙江商务厅 2024 年发布的第一批[①]与第二批[②]最佳制度创新案例，浙江省在贸易政务服务便利化方面形成较多制度创新措施。

1. 油气贸易企业全周期精准监管便利化措施

实施"一件事一次办"，建立"前置许可＋营业执照"联合审批机制，采用远程视频踏勘，压缩全流程办结时间，将营业执照注销和部分许可证注销合并为"一件事"一次性办理，简化了注销手续，通过检企共建方式，发布合规指引，利用数字化手段完成企业全要素画像，构建新型监管模式，构建"数字＋闭环核查""信用＋分类分型"新型监管模式。

2. 跨境电商全流程智慧集成监管与服务便利化

一是创新优化跨境电商出口前置仓监管模式，简化海外仓模式备案流程，实现"一地备案、全国通用、全程无纸"；二是支持开设全货机、海运快船等跨境出口物流专线，打造"跨境电商＋海铁联运""空陆联运"等物流新模式；三是支持企业将多品类商品在海关特殊监管区内组合成套，实现"多品合一、成套销售"；四是持续推广跨境电商进口"退货中心仓"模式；五是强化对跨境电商企业的信用培育，设立海关 AEO 企业协调员，提供个性化海关业务协调服务；六是推广应用跨境电商零售进口税款电子支付，实施进口税款担保数字化，企业线上办理保函"一地备案、关区通用"；七是优化跨境电商出口"订单、物流单、收款单"数据验核形式，探索跨境电商"三单"管理机制创新；八是开展境内外法律法规、平台经营规则研究和风险预判，积极参与编制跨境电商知识产权合规指引[③]。

[①] 2024 年浙江自贸试验区第一批省级最佳制度创新案例发布．https：//mp. weixin. qq. com/s?＿＿biz＝MzAxNTE2MzAwNQ＝＝&mid＝2651438893&idx＝3&sn＝25234c57a3dfca5e3cbb80152299ef16&chksm＝818e8bb91b36922a3eb346ea9140a0cd1f889d8c47d2899607d5519c4f502dd73f70f3a66380&scene＝27.

[②] 2024 年浙江自贸试验区第二批省级最佳制度创新案例发布．https：//mp. weixin. qq. com/s?＿＿biz＝MzI2MDYxMzUxMg＝＝&mid＝2247584957&idx＝2&sn＝d624b5d2025cba74b348de3a8ba0ecc3&chksm＝ebe2e6be740ca01f8f51d3266c27d0f4ca0651a4564e391de8d88c19fc1c55f135f49254045b&scene＝27.

[③] 宁波海关加力推动跨境电商高质量发展 10 条措施．https：//mp. weixin. qq. com/s?＿＿biz＝MzA5MzgONzUzNw＝＝&mid＝2651945431&idx＝1&sn＝2234a76837731c413db02d0117889660&chksm＝8a9ffe191f180ac3f7a01f202a6371b374b479bfec638a3171c689f274571a2ab608fa986faf&scene＝27.

3. 新能源车出口监管与服务便利化措施

一是宁波海关和边检等部门推行新能源汽车集装箱出口"一站式"监管和"前置查验、批量验放"模式；二是海事部门采用多式联运及集装箱叠载法，拓宽了汽车出口渠道；三是公安部门试点建立新能源汽车产业知识产权刑事保护中心和新能源车企知识产权保护平台，实现知产业务"一站式服务"；四是边检部门创新证件换发诚信报备制度①。

4. 建设自贸区"空中政务走廊"平台

一是浙江自贸试验区宁波片区提出直升机"空中政务走廊"建设，通过锚地检查，提升查验效率；利用空中投送，提升保障效能；开展定点救助，提升救援效果，探索试行边检直升机海上巡航警务，推动运输自由化便利化；二是创新国际航行船舶出入境查验机制，将查验空间由"陆地"向"海上"延伸，通过直升机运送边检查验人员上船，提前为船方在锚地办理入境手续；三是创新国际航行船舶海上保障机制，将保障方向由"海面"向"空中"扩展，通过直升机空中投送，最大限度提升保障效能；创新国际航行船舶空中救援机制，将救援时间从"时计"向"分计"压缩，通过搭建从船舶到医院的"救援通道"；四是利用直升机将急救病人从海上直接运送至医院，实现船舶到医院"点对点"救援，大幅提升救援效率和成功率②。

（三）江苏自贸区公共服务便利化措施

近年来，江苏自贸区在公共服务方面，同样有许多便利化创新措施。

1. "开门接电"服务模式

苏州片区率先打造"开门接电"服务模式，推动电网规划深入对接园区发展规划与招商引资计划，提前获知地块项目信息并启动配套电网建设；推广全电共享，以模块化预置式配电设备租赁为核心，实施"以租代购"和

---

① 新能源车出口监管模式集成创新. https：//mp.weixin.qq.com/s?__biz=MzI2MDYxMzUxMg==&mid=2247579240&idx=2&sn=528ec843d37caf4ef8be0243a7b76ea4&chksm=eb20cdec86d24a37058d818f9abdd750df31dbd177d2f8580a28875d5b1e5520b40e9767c817&scene=27.

② 建设自贸试验区"空中政务走廊"平台 创新国际航行船舶海上查验新机制. https：//mp.weixin.qq.com/s?__biz=MzI2MDYxMzUxMg==&mid=2247582248&idx=3&sn=12907f7e5fa92546598ba6b139e083f8&chksm=eb7f46102a00aa199ae5ce55253fadd867adca1304c715c27acbdbe7a7eb64032e89e8704064&scene=27.

"模块化"施工,企业可根据生产需求随时退租、自由增减供电容量,大幅降低企业初期资金负担,进一步提升"获得电力"水平①。

2. 建设工程消防验收备案告知承诺制

苏州片区相关部门创新推出建设工程消防验收备案告知承诺制,针对符合条件的小型建设工程和简易低风险建设工程,可自主选择告知承诺制渠道办理消防验收备案,同时加强信用管理和事中事后监管,对后续监管中发现的不实承诺,实行失信惩戒。并建立监督抽查制度,在规定时限内对实行告知承诺制项目情况进行抽查,重点核查承诺内容是否属实②。

(四)"一站式"纠纷解决方式

在国际商事法律服务中,"一站式"纠纷解决方式是近年来逐渐成熟的一种纠纷解决方式。2023年12月,最高人民法院发布《"一站式"国际商事纠纷多元化解决平台工作指引(试行)》,在总结各自贸区创新的基础上,具体化"一站式"纠纷解决方式的内涵。各个自贸区则结合自身实际,形成了具有各自特色的"一站式"纠纷解决方式。

1. 最高法"一站式"国际商事纠纷多元化解决机制

最高法"一站式"国际商事纠纷多元化解决平台是指最高人民法院国际商事法庭在其官方网站设立,并与"一站式"国际商事纠纷多元化解决机制内的国际商事调解机构、国际商事仲裁机构以及最高人民法院国际商事专家委员会专家委员有机衔接的全流程在线服务平台,支持和便利当事人通过选择中立评估、调解、仲裁或者诉讼等多元化方式解决国际商事纠纷。"一站式"平台设置"调解服务""仲裁服务""诉讼服务""辅助服务"等功能,根据案件流程的进展相应生成、发送、接收、存储、交换相关材料,并将相关材料及节点信息同步发送给相关当事人、平台机构以及专家委员。

"一站式"国际商事纠纷多元化解决程序主要包括:(1)在"一站式"平台注册登记与评估提交。(2)国际商事法庭在收到当事人的中立评估申请

---

① 制度创新结硕果 新增5项获全省复制推广. https://news.qq.com/rain/a/20240904A04ROB00.
② 关于印发《苏州工业园区建设工程消防备案告知承诺制实施方案》的通知. https://mp.weixin.qq.com/s?__biz=MzIyNjU2MTY1Mg==&mid=2247521352&idx=1&sn=652727537c449c998a46701b42e7c2ce&chksm=e86c4f53df1bc64528db3e34e931abfddbbb7f45d8f306eba25205520a6aaf353697f7dca1ce&scene=27.

材料后,应当在三个工作日内向被申请人征求是否同意开展中立评估的意见。(3)专家委员被选定为中立评估员后进行分析评估,出具中立评估意见。(4)当事人可以根据中立评估意见自行和解,也可以申请参与中立评估的专家委员主持调解。(5)当事人申请调解的,可以通过国际商事法庭"一站式"平台"调解服务",进入"人民法院调解平台"并登录,申请由国际商事调解机构或者专家委员进行调解。(6)当事人选择通过"一站式"平台申请仲裁的,可以在"仲裁服务"中"申请仲裁"项下选择国际商事仲裁机构,并按照该机构的要求提交申请仲裁的相关材料。(7)当事人提起诉讼的,可以通过国际商事法庭"一站式"平台"诉讼服务",进入"最高人民法院诉讼服务网",提交起诉状及相关诉讼材料。

2. 地方设立的特色化国际商事纠纷解决机制

本部分主要介绍两个地方特色化国际商事纠纷解决机制,即"一站式"海事商事法律服务机制和知识产权国际商事调解云平台机制。

(1)"一站式"海事商事法律服务机制。2024年12月,中国国际贸易促进委员会浙江省委员会将舟山"一站式"海事商事法律服务平台作为诉调对接创新实践案例予以推广。舟山市中级人民法院、舟山市贸促会构建事前防控—事中指导—事后化解的"一站式"国际海商事法律服务体系。具体做法是:①建立"一站式"海事商事法律服务中心。②调解中心、海损理算办事处、市中院"共享法庭"服务点、仲裁机构等纠纷解决机构入驻法律服务中心。③综合受理统一办。入驻单位明确各自工作人员,会同相关调解员、仲裁员,对有关海事商事法律咨询、来访和诉求,实行"统一受理、统一研判、统一交办、统一反馈"。④争端化解联动。深化与中国海仲、市中院、舟山仲裁委合作,实现海商事调解案件咨询、申请、预约、调解、司法确认"五位一体"服务。⑤案件研判多方议。建立"3+X"会商研判机制,即统筹运用调解、仲裁、诉讼三种纠纷解决手段,融入商协会、高校、律所等社会资源,推动纠纷快速有效化解①。

(2)知识产权国际商事调解云平台机制。2020年6月为实现知识产权和商事纠纷调解"一次不用跑",由中国国际贸易促进委员会杭州市委员会主

---

① 首创"一站式"海事商事法律服务平台,优化自贸试验区法治营商环境——诉调对接创新实践案例(八)。http://www.ccpitzj.gov.cn/art/2024/12/27/art_1229557693_47037.html。

办中国（杭州）知识产权·国际商事调解云平台上线。该平台由杭州地区调解工作组织机构以及退休高级法官、资深优秀律师和有一定法律背景的专家学者、调解工作者自愿联合发起成立。平台建立集互联网调解、电子送达、在线申请司法确认等于一体的信息平台，实现纠纷解决的案件预判、信息共享、资源整合、数据分析等功能。调解员通过平台接收调解案件，进行线上调解工作①。

四、政务服务与公共服务便利化制度创新与完善

随着世界银行"营商环境指数"更改为"宜商环境"指数，对营商环境的标准要求更高，特别是在政务服务与公共服务方面，所要求的时间更短，便利化水平更高。我国自贸区可在以下两个方面，完善政务服务与公共服务便利化方面的制度创新。

（一）扩大及便利化市场准入

市场准入的范围和便利化，既是高标准国际经贸规则的要求，也是世界银行宜商环境新设的标准，是考察营商环境水平的第一个标准。自贸区需要在两个方面对标国际化一流营商环境标准：一是扩大市场准入范围，二是从法律制度机制层面促进便利化。

扩大市场准入范围。扩大市场准入范围，主要是针对外商投资而言的，内容主要包括：（1）完善准入前国民待遇加负面清单管理制度。自贸区应根据自身发展水平，继续减少负面清单，制定鼓励产业清单和激励政策，促进更大范围的市场准入。（2）扩大金融业市场准入。自贸区应建立体制机制，深化商业养老保险、健康保险等行业开放，进一步便利外资金融机构参与中国债券市场建立制度机制，扩大银行保险领域外资金融机构准入，完善私募投资基金服务业务管理办法等。（3）放宽科技创新领域外商投资准入。在条件成熟时，自贸区应以创新驱动为重点，在重大技术开发和应用、信息服务等领域进行扩大开放。

便利化市场准入制度。自贸区应参照世界银行宜商环境标准，继续实施

---

① 中国（杭州）知识产权·国际商事调解云平台．https://hzzcss.tiaojiecloud.com/#/plantform．

市场准入便利化方面的制度创新,主要内容包括:(1)提高市场准入法律规则的优质性。通过制定相关法律规则,在公司信息备案、受益所有权登记、公司信息和受益所有权更新、采用基于风险的方法简化管理业监管流程等方面促进便利化;(2)减少市场准入的限制性规定。针对外商投资市场准入,在实收最低资本要求、所有权和参与限制、关键人员和董事的国籍限制、雇佣外籍和本地人员的限制、本地参与要求等方面减少限制。(3)面向初创企业增强数字公共服务和信息透明度。通过制度创新,实现企业注册和运营开始在线服务的可用性、企业注册和开始运营服务的互操作性、在线信息的可用性和信息的透明度。

(二)强化公共设施服务

强化公共设施服务,是国际化一流营商环境的建设的基础性工程。自贸区应参照宜商环境新标准,构建公共设施服务体制机制。主要内容包括:(1)在电力连接和供应质量的高效方面建立规则,例如监管监测规则、公用事业基础设施共享和高效数字连接规则、服务质量保障机制等。(2)建立公用事业连接安全规则,内容主要包括专业认证、检查制度、责任制度、网络安全等制度规则。(3)建立公共服务设施的治理和透明度质量保障体系,包括监测服务供应的可靠性、可持续性和连接安全性标准,关键绩效指标的透明度、公共服务设施的透明度、投诉机制和投诉流程的透明度等方面的制度机制。

本章小结

投资便利化是广义投资促进的一项重要内容。一些机构甚至认为法律政策的平等适应与公开、公平公正待遇、透明度、公平竞争政策,以及公共服务与政务服务便利化等是促进他投资的最为重要的规则制度内容。当前高标准国际经贸规则在该领域存在越来越多的制度规则。我国自贸区在投资便利化制度创新方面已有长足的进步,但还存在诸多不足。在公平公正待遇方面,我国自贸区有关公平公正待遇的法律制度还不完善,体现公平公正待遇的保护与管理体制、监督与救济机制未完全建立,自贸区可通过完善稳定的可预期的法律制度与规则体系、完善公平公正待遇的地方性保护与管理体制和监督与救济机制实现制度创新。在透明度规则方面，存在地方立法不足、制度体系不完善、审查监督体系未建立等问题，可在完善自贸区透明度规则立法与制度体系、建立自贸区透明度审查与监督机制方面实施制度创新与完善。在竞争政策方面，自贸区立法滞后且不完善，执法体系不完善、审查制度未有效建立、国有企业的改革与国际经贸规则的竞争中立原则存在差距等问题，可在完善自贸区竞争政策法律规则体系、强化公平竞争执法、建立公平竞争多元审查评估机制、依据"竞争中立"原则改革自贸区内国有企业等方面制度创新。政务服务与公共服务便利化方面，可通过扩大及便利化市场准入、强化公共设施服务制度建设实施制度创新。

第三章　中国自由贸易试验区特别领域投资便利化制度创新与完善

投资便利化规则除了一般性规则制度之外，还包括一些与投资便利相关的基础领域的便利化规则。外商投资离不开金融服务，政府采购则是公平竞争政策重点关注的领域，而标准的开放与融通既关涉外商投资便利化、内外资公平竞争，也在某种程度上关涉贸易便利化。本章选取了与投资促进相关的金融服务、政府采购、标准开放三个特殊领域讨论自贸区制度型开放中的便利化制度创新与建设问题。

第一节　促进外商投资的金融服务便利化制度创新

从国内外实践来看，可获得的融资对于保持公司的财务稳定起着重要作用。外商投资者在境内外融资、资金支付等方面获得便利化金融服务能够很好地促进外商投资的发展。我国自贸区也将金融制度创新作为自贸区制度创新的重要方面。本节从外商投资促进的角度分析自贸区金融服务便利化问题。

一、促进投资的金融服务便利化相关法律规则

从国家层次的立法来看，相关法律规则主要体现在《外商投资法》及相关行政法规之中。《外商投资法》第17条规定，外商投资企业可以依法通过公开发行股票、公司债券等证券和其他方式进行融资。国务院《外商投资法实施条例》第18条解释了"其他方式进行融资"，是指以公开或者非公开发行其他融资工具、借用外债等方式进行融资。

从地方性外商投资相关立法来看，针对外资的金融服务便利化，除了准许各种形式的融资之外，还应当包括：（1）准许外资金融机构根据法律为内外资提供清算或保险业务。例如，《北京市外商投资条例》第 20 条规定，支持符合条件的外资机构依法开展银行卡清算业务，支持符合条件的境外专业保险机构在本市投资设立或者参股保险机构。（2）为外商投资企业开展本外币跨境融资提供相应便利。例如，《大连市外商投资条例》第 23 条规定，金融机构根据国家跨境融资管理政策，为外商投资企业开展本外币跨境融资提供相应便利，降低外商投资企业融资成本。

二、有关外商投资金融服务便利化的自贸区规则

从实践来看，自贸区在准入前国民待遇前提下，在平等对待内外资的基础上构建了自贸区金融制度，既有市场准入规则，也有金融服务便利化规则，主要制度创新如下。

1. 常规金融服务业务便利化

这类创新规则主要包括：（1）跨境投融资支付、汇兑便利化。《中国（上海）自由贸易试验区条例》第 27 条第 1 款规定，简化自贸试验区跨境直接投资汇兑手续，自贸试验区跨境直接投资与前置核准脱钩，直接向银行办理所涉及的跨境收付、汇兑业务。《中国（广东）自由贸易试验区条例》第 41 条规定，自贸试验区内主体办理经常项下结算业务、国家允许的资本项下结算业务、经批准的资本项目可兑换先行先试业务。（2）内外资企业开设各类投资账户便利化。《中国（上海）自由贸易试验区条例》第 27 条第 2 款规定，区内个人可以按照规定，办理经常项下跨境人民币收付业务，开展包括证券投资在内的各类跨境投资；区内个体工商户可以根据业务需要，向其境外经营主体提供跨境贷款。

2. 融资便利化

自贸区融资便利化规则主要有：（1）准许开展各种类型的融资。《中国（上海）自由贸易试验区条例》第 27 条第 3 款规定，区内金融机构和企业可以按照规定，进入证券和期货交易场所进行投资和交易。区内企业的境外母公司可以按照规定，在境内资本市场发行人民币债券。（2）支持开展跨境金融创新。一是探索开展外币离岸业务。《中国（广东）自由贸易试验区条例》

第 44 条第 1 款规定，在完善相关管理办法和加强有效监管的前提下，支持商业银行在自贸试验区内申请开展外币离岸业务，自贸试验区内符合条件的中资银行可以试点开办外币离岸业务。二是探索外商投资机构开展人民币投资业务。《中国（广东）自由贸易试验区条例》第 44 条第 2 款规定，机构探索外资股权投资管理机构、外资创业投资管理机构在自贸试验区内发起管理人民币股权投资和创业投资基金。三是支持开展人民币衍生品业务。《中国（天津）自由贸易试验区条例》第 40 条第 2 款规定，自贸试验区内符合条件的企业按规定开展人民币境外证券投资和境外衍生品投资业务；支持自贸试验区内银行机构按照银行间市场等相关政策规定和我国金融市场对外开放的整体部署为境外机构办理人民币衍生品业务。

3. 货币使用便利化

自贸区货币便利化规则主要有：（1）境内外人民币使用便利化。《中国（上海）自由贸易试验区条例》第 28 条规定，简化自贸试验区经常项下以及直接投资项下人民币跨境使用；区内金融机构和企业可以从境外借入人民币资金；区内企业可以根据自身经营需要，开展跨境双向人民币资金池以及经常项下跨境人民币集中收付业务；银行业金融机构可以与符合条件的支付机构合作，提供跨境电子商务的人民币结算服务。《中国（广东）自由贸易试验区条例》第 43 条第 2 款规定，支持自贸试验区内符合条件的企业根据自身经营和管理需要，开展集团内跨境双向人民币资金池业务，便利自贸试验区内跨国企业开展跨境人民币资金集中运营业务。（2）减少利率限制。《中国（上海）自由贸易试验区条例》第 29 条规定，推进利率市场化体系建设，完善自由贸易账户本外币资金利率市场化定价监测机制，区内符合条件的金融机构可以优先发行大额可转让存单，放开区内外币存款利率上限。

4. 外汇管理便利化

例如，《中国（上海）自由贸易试验区条例》第 30 条规定，建立与自贸试验区发展需求相适应的外汇管理体制。简化经常项目单证审核、直接投资项下外汇登记手续；放宽对外债权债务管理；改进跨国公司总部外汇资金集中运营管理、外币资金池以及国际贸易结算中心外汇管理；完善结售汇管理，便利开展大宗商品衍生品的柜台交易。

三、自贸区有关外商投资的金融服务便利化实践

各个自贸区在规制创新的同时，也积极探索促进贸易投资的金融服务便利化，主要包括以下几个方面。

1. 金融服务模式与业务创新

一是在金融服务模式方面创新。例如，广西自贸区实施通过区内注册银行开立的外汇 NRA 账户内资金办理结汇，为制造业跨国企业境外窗口公司提供"外币融资＋结汇支付境内货款＋外汇资产敞口管理"一体化金融服务方案①；陕西自贸区建立跨境电商人民币业务服务平台——"通丝路"，提供信用担保、资金融通、跨境人民币结算等多项服务；上海自贸区创造了外商投资企业根据经营需要和市场汇率自主决定结汇的时机和金额的意愿结汇模式②。二是在融资业务方面创新。例如，天津自贸试验区探索推出满足条件的融资租赁公司收取外币租金融资服务，山东自贸区基于区块链平台实现跨境融资③；重庆自贸推进"在岸融资性保函＋离岸外债贷款＋汇率风险锁定"的离在岸联动融资创新。三是在支持跨境贸易方面的金融服务创新。从外商投资企业是中国出口企业的重要组成部分角度而言，支持跨境贸易的金融服务创新也属于促进外商投资的金融服务创新。自贸区在这方面也有着许多创新。例如，广东自贸区允许区内企业在境内以离岸人民币汇率购汇后支付给境外出口商，创新形成进口企业境外"不落地购汇"支付货款模式服务④。

2. 金融管理开放实践创新

金融管理开放主要是指金融账户开放、跨境金融合作平台和便利化机制的建立。（1）资本账号开放。例如，上海、广东、天津等自贸区允许通过 FT 账户推进资本账户开放；海南自贸港提出在一定时期内实现非金融企业外债项下的资本项目可兑换。（2）金融跨境流动便利化机制。例如，许多自贸区

---

① 解读：关于金融，这些便利化创新你该知道．http：//nnwxxq.gxzf.gov.cn/xxfb/mtjj/t18535449.shtml.
②③ 我国自贸试验区金融创新案例评述．https：//www.163.com/dy/article/J2A9I5F90519C99L.html.
④ 涵盖4大领域 广东自贸试验区2023年最佳制度创新案例出炉．https：//finance.eastmoney.com/a/202407303143712943.html.

推出跨境双向人民币资金池业务，完善跨国公司总部外汇资金集中运营管理。再如，建立各类金融市场互联互通的机制，如 QDII、QDII2、QFII、RQFII、沪深港通、沪伦通、基金互认等，为跨境资金双向流动提供了渠道。（3）建立服务于区域或国际的金融中心。例如，广西自贸区建设中国—东盟金融城，打造区域性金融服务平台；广东自贸区打造国际金融枢纽促进粤港澳大湾区内金融资源的有效配置；广西自贸区、云南自贸区、黑龙江自贸区等建立沿边金融中心。

3. 外汇管理便利化创新

自贸区通过"放管服"外汇管理体制改革，推进简政放权、放管结合，形成外汇管理便利化创新。这些便利化实践创新包括：（1）简化经常项目外汇收支手续，推进个人项下人民币结算和大宗商品衍生品结售汇业务，促进人民币国际化。例如，在四川自贸区，符合一定条件的企业外汇收入无须开立待核查账户，允许银行审核真实合规的电子单证、办理经常项目集中收付汇、轧差净额结算业务。（2）推进资本项目外汇收入支付便利化。例如，北京自贸区实施本外币账户一体化管理，建立与自贸区发展相适应的本外币账户管理体系[①]。

四、自贸区外商投资促进金融服务便利化的不足

尽管自贸区金融制度创新在服务对外经济、对接国家战略等方面取得较为丰富的成果，但从我国推进高水平制度型开放的角度而言，还存在许多不足。

1. 金融制度创新服务跨境贸易投资力度不足

从自贸区的实践来看，促进跨境贸易投资自由化便利化的金融服务是一个多元体系，当前的金融制度创新还存在以下不足：（1）短期制度创新较多，长远制度创新不足。从全球贸易与投资发展历史来看，跨境业务和离岸业务是一国高水平对外开放的重要组成部分，且未来所占的比重会越来越多。而我国自贸区当前的制度创新对与离岸贸易相关的跨境支付、保险担保等金

---

① 张方波. 中国自贸试验区金融制度创新的成效、经验与促进对策［J］. 经济纵横，2024（7）：75 – 84.

融服务较少。同时，对离岸融资、离岸货币使用、资金流通等离岸金融制度创新明显不足。尽管海南自由贸易港《关于金融支持海南全面深化改革开放的意见》对离岸银行、离岸证券和离岸保险提出了试点措施，但并没有形成体制机制。（2）金融制度创新结构失衡。一是"引进来"与"走出去"失衡①。自贸区金融服务便利化制度中，对促进外商投资方面（"引进来"）的制度创新较多，对促进我国企业对外投资的金融服务制度创新较少。很多自贸区金融制度安排中很少涉及促进对外投资金融服务，即使有所涉及，也是简单的原则性规定。（3）制度创新缺乏体系化。金融制度"点"上创新较多，"面"上创新不足。例如，一些自贸区进行首次制度创新之后，实质性规模化体系化持续创新不足，从而使金融创新的效应不明显②。例如，推出跨境双向人民币资金池业务之后，相关规则就没有进一步创新。

2. 金融制度创新法治化水平不足

法治化至少包括两个方面的内容：一是法治保障，二是法律化。自贸区制度创新在法治保障与法律化两个方面都存在不足。（1）金融创新法治保障不足。尽管国家给予自贸区较多的制度创新立法权，但有关金融制度的创新立法权较少。主要原因在于金融在一国经济发展中具有举足轻重的地位，有关金融事权归属于中央事权，相应的有关金融立法权大多归属于中央立法权范畴。因此，在保障自贸区金融制度创新以及有关金融的立法权方面，缺乏相应的法律保障。（2）金融制度创新法律化不足。从国家和自贸区的实践来看，中央和地方层面推出的有关自贸区金融制度创新，采用政策形式较多，采用法律、法规、规章等法律化形式较少。例如，迄今，中央和地方出台的有关自贸区金融制度创新措施主要是散见于总体方案、指导意见、通知、若干措施及地方制定的"十四五"规划纲要等文件之中，并没有采用法律、法规、规章等法律化形式，难以满足实际高水平对外开放法律化的要求③。

3. 金融制度创新对标国际高标准经贸规则不足

自贸区金融制度创新的一个重要目标是对标当前高标准国际经贸规则。这也是我国应对国际高标准经贸规则重构及各类经济风险的路径和方式。尽

---

① 韩钰，苏庆义，白洁. 上海自贸区金融改革与开放的规则研究——阶段性评估与政策建议 [J]. 国际金融研究，2020（8）：46-55.
②③ 张方波. 中国自贸试验区金融制度创新的成效、经验与促进对策 [J]. 经济纵横，2024（7）：75-84.

管我国在市场准入、国民待遇等方面的金融服务制度创新逐渐对标 RCEP、CPTPP 等金融规则，但在一些制度上还存在差距。一是金融服务的开放范围较窄。例如，我国自贸区在涉及跨境数据流动的电子支付方面仍未开放，但在一些 FTAs、BITs 协定条款中包含了这些内容。二是金融监管规则的透明度达不到国际经贸规则的要求。例如，RCEP、CPTPP 规定了金融审慎例外条款。该条款详细规定了保护金融消费者、金融体制稳健、金融业国家安全审查等，并要求监管规则的信息公开和透明。但国内金融制度有关审慎监管例外的规定缺乏透明度。三是监管规则的开放度与国际化不足。例如，国内自律监管的国际化程度还不高，远没有达到高水平国经贸规则的要求。再如，我国对金融数据储存以本地化为主，对跨境数据流动监管较为严格，这也与高标准经贸规则的要求存在差距。

五、自贸区外商投资促进金融服务便利化制度创新路径

自贸区外商投资促进金融服务便利化制度创新是体系化的法治化的创新，结合我国自贸区的实践发展，今后需要在以下三个方面实施制度创新。

1. 加大服务跨境贸易投资的经济制度创新力度

（1）推进长期金融制度规则创新。我国自贸区的发展不仅是建设成对外开放的集中区，还应建成面向国际国内市场、建设国际国内双循环经济格局的示范区。因此，自贸区的金融制度创新应形成服务于面向国际国内大市场的一般性惯例、规则、制度。这就要求制度创新立足于可复制、可推广要求，在更广的范围内使用、实践，进而总结归纳一般规则，形成惯例化稳定性规则规范。同时，深刻把握跨境投资贸易未来趋势，对成为未来跨境投资贸易重要形式，例如离岸贸易、离岸金融等，进行长期化金融制度创新。（2）促进"引进来"和"走出去"两方面金融制度创新。在当前国际形势下，自贸区促进对外贸易和外商投资是短期内较为紧迫的任务，但随着我国企业大规模出海成为未来发展趋势，自贸区应紧跟我国企业出海实际需求，加快企业"走出去"金融服务制度创新。（3）实施体系化金融制度创新。自贸区金融应当围绕双循环经济体制的各个环节、各个链条上所需，既要实施单项制度创新，也要进行体系化创新。例如，围绕全球供应链、价值链投资贸易需求，围绕支付结算、货币兑换、保险担保、投融资、跨境资金流动等方面，进行

金融服务制度规则体系化创新。

2. 提升自贸区金融创新法治化水平

（1）强化法治保障。我国应进一步厘清有关金融的中央与地方事项范围，以及中央与地方立法权限，在坚持金融创新与金融开放原则性基础上，通过中央对地方的立法授权，使自贸区能够有充分的法律依据和权限进行更深层次的金融制度创新和立法。（2）规范性文件法律化。首先，梳理总体方案、通知、意见等文件中的金融制度创新规范，结合实践，进一步增强普适性，在条件成熟时转化为法律、法规、规章等法律规范。其次，对制度创新的法律法规、部门规章及各自贸区的总体方案、通知、意见及负面清单指引等进行法理上的阐释与体系化。（3）提高法律位阶。在中央层面，国家根据自贸区的改革实践及相关规则的复制推广情况，在条件成熟时将地方性金融创新立法转为在全国适用的法律。

3. 深度对接高标国际准经贸规则金融条款

自由贸易试验区是规则创新的"试验田"，也是对接高标准经贸规则的"试验田"，二者是一个事物的两个方面。首先，对于已经相对成熟且国内适用存在困难较少的高标准金融规则，我国自贸区可直接完整纳入。例如，"金融审慎例外"条款已在多个大型FTAs中采用，我国加入的FTAs中也存在该条款，自贸区在制度创新时可完整纳入该条款。其次，把握高标准经贸规则中金融条款的创新趋势和我国金融规则创新的协同性。及时研究当前和未来金融规则，并在自贸区内制定与适用，测试其适用情况和对经济发展的影响情况，为我国参与相关国家规则的制定，不断提高话语权，提供规则与实践支撑。

第二节 自贸区有关外商投资的政府采购制度创新与完善

政府采购市场开放首先是国际贸易规则关注的重点。同时，政府采购透明、公平竞争、内外资平等参与是外商投资者在东道国投资运营需要考虑的一个重要因素，同样构成投资便利化的制度环境。本节结合《政府采购法》《外商投资法》，从促进投资角度探讨自贸区相关制度的创新与完善问题。

一、中国政府采购的法律框架

2002年6月29日,全国人大常务委员会通过了《中华人民共和国政府采购法》,为我国各级政府的政府采购行为提供了法律依据。该法的立法初衷可以概括为三个方面:一是规范政府采购行为,提高政府采购资金的使用效率;二是维护国家利益和社会公共利益;三是预防腐败,强化廉政[①]。《政府采购法》一共分为九个章节,分别为总则、政府采购当事人、政府采购方式、政府采购程序、政府采购合同、质疑与投诉、监督检查、法律责任、附则等。2014年国务院则通过了《中华人民共和国政府采购法实施条例》(以下简称《政府采购法实施条例》)。本部分对政府采购的范围、政府采购实体、政府采购方式做简单介绍。

(一) 政府采购的范围

根据《政府采购法》规定,政府采购是指"各级国家机关、事业单位和团体组织,使用财政性资金采购依法制定的集中采购目录以内的或者采购限额标准以上的货物、工程和服务的行为。"采购是指"以合同方式有偿取得货物、工程和服务的行为,包括购买、租赁、委托、雇用等"。货物是指"各种形态和种类的物品,包括原材料、燃料、设备、产品等"。工程是指"建设工程,包括建筑物和构筑物的新建、改建、扩建、装修、拆除、修缮等"。服务是指"除货物和工程以外的其他政府采购对象"。《政府采购法实施条例》规定,服务包括政府自身需要的服务和政府向社会公众提供的公共服务。该条例还详细解释了财政性资金的内涵,是指纳入预算管理的资金,以财政性资金作为还款来源的借贷资金,视同财政性资金。

(二) 政府采购实体

根据《政府采购法》,政府采购实体包括各级国家机关、事业单位和团体组织等资金主要来源为国家及财政资金的单位组织。对政府采购实体的要求主要包括:(1)采购人在政府采购活动中应当维护国家利益和社会公共利

---

① 李大伟. 制度型开放问题研究[M]. 北京:中国言实出版社,2023:229.

益,公正廉洁,诚实守信。(2)采购代理机构不得以不正当手段获取政府采购代理业务,不得与采购人、供应商恶意串通操纵政府采购活动。(3)单位负责人为同一人或者存在直接控股、管理关系的不同供应商,不得参加同一合同项下的政府采购活动。(4)采购人或者采购代理机构不得以不合理的条件对供应商实行差别待遇或者歧视待遇的行为。

(三) 政府采购的方式

我国《政府采购法》规定了五种采购方式,分别是公开招标、邀请招标、竞争性谈判、单一来源采购和询价。《政府采购法》对以上五种采购方式的每一种采购方式,从适用情形、采购程序到采购流程等,都有明确的规定。(1)公开招标。公开招标是政府采购的主要方式。《政府采购法》规定的要求与程序包括:一是采购人不得将应当以公开招标方式采购的货物或者服务化整为零或者以其他任何方式规避公开招标采购;二是在招标采购中,出现符合专业条件的供应商或者对招标文件作实质响应的供应商不足三家的或者影响采购公正的违法、违规行为等情况的,应予废标;废标后,采购人应当将废标理由通知所有投标人;三是废标后,除采购任务取消情形外,应当重新组织招标;四是需要采取其他方式采购的,应当在采购活动开始前获得有关部门批准。(2)邀请招标。根据《政府采购法》的规定,可以采用邀请招标的情形包括:一是具有特殊性,只能从有限范围的供应商处采购的;二是采用公开招标方式的费用占政府采购项目总价值的比例过大的。采取邀请招标方式采购的,采购人应当从符合相应资格条件的供应商中,通过随机方式选择三家以上的供应商,并向其发出投标邀请书。(3)竞争性谈判。根据《政府采购法》的规定,可以采用竞争性谈判方式采购的情形包括:一是招标后没有供应商投标或者没有合格标的或者重新招标未能成立的;二是技术复杂或者性质特殊,不能确定详细规格或者具体要求的;三是采用招标所需时间不能满足用户紧急需要的;四是不能事先计算出价格总额的。竞争性谈判方式采购程序包括:一是成立谈判小组;二是制定谈判文件;三是确定邀请参加谈判的供应商名单;四是谈判;五是确定成交供应商。(4)单一来源采购。根据《政府采购法》的规定,可以采用单一来源方式采购的情形包括:一是只能从唯一供应商处采购的;二是发生了不可预见的紧急情况不能从其他供应商处采购的;三是必须保证原有采购项目一致性或者服务配套的要求。(5) 询价。根据《政府采购法》的规定,采购的货物规格、标准统一、现货货源充足且价格变化幅度小的政府采购项目,可以采用询价方式采购。采取询价方式采购的,应当遵循的程序包括:一是成立询价小组;二是确定被询价的供应商名单;三是询价;四是确定成交供应商。

二、有关外商投资促进的政府采购法律规则

有关外商投资的政府采购法律规范,主要规定在《外商投资法》《外商投资法实施条例》,以及地方性外商投资法律规范之中。《外商投资法》第16条规定,"国家保障外商投资企业依法通过公平竞争参与政府采购活动。政府采购依法对外商投资企业在中国境内生产的产品、提供的服务平等对待"。该条立法的目的是保障外商投资企业在政府采购活动中公平参与竞争,获得公平对待。《外商投资法实施条例》则进行了较为详细的规定,内容主要包括:(1) 政府及其有关部门不得阻挠和限制外商投资企业自由进入本地区和本行业的政府采购市场;(2) 不得在政府采购信息发布、供应商条件确定和资格审查、评标标准等方面,对外商投资企业实行差别待遇或者歧视待遇;(3) 不得以所有制形式、组织形式、股权结构、投资者国别、产品或者服务品牌以及其他不合理的条件对供应商予以限定;(4) 不得对外商投资企业在中国境内生产的产品、提供的服务和内资企业区别对待;(5) 外商投资企业可以依法就政府采购活动事项向采购人、采购代理机构提出询问、质疑,向政府采购监督管理部门投诉;(6) 加强对政府采购活动的监督检查,依法纠正和查处对外商投资企业实行差别待遇或者歧视待遇等违法违规行为。而地方性外商投资法律规范,如《上海市外商投资条例》《北京市外商投资条例》等,对外商投资企业参与政府采购的规定并没有国务院出台的《外商投资法实施条例》规定得详细。

从以上法律规范文件来看,我国针对有关外商投资的政府采购规则主要强调了五个方面:一是各级政府不得禁止或限制外商投资企业进入政府采购市场,也即不能设置任何性质的市场准入限制;二是不得实施差别待遇或歧视待遇;三是政府采购活动公开透明;四是保护外商投资企业在政府采购活动中的权利;五是查处、纠正政府采购活动中区别对待和给予歧视待遇的行为。

三、高标准国际经贸规则中有关政府采购规则的主要内容

一般而言,东道国法律会将外商投资企业规定为本国企业,外商投资企业作为本地企业享有国民待遇。因此,国际经贸规则并没有直接规制外商投资企业在当地国政府采购活动中的问题,例如,WTO 规则仅规制了一成员方货物或服务在另一成员方境内政府采购或活动中的市场准入和待遇问题;FTAs 规定的政府采购规则,也主要针对外国货物或服务的市场准入和待遇问题。而 BITs 规则也甚少直接关注外商企业在东道国参与政府采购问题。但是,从对标和接轨高标准经贸规则的角度而言,高标准经贸规则,如 CPTPP、RCEP 等规定的政府采购规则,对我国自由贸易试验区创新政府采购规则,包括外商投资企业参与政府采购的相关规则,具有借鉴意义。本部分以 CPTPP 政府采购规则为例,进行简单的介绍。

(一) 国民待遇与非歧视

CPTPP 政府采购章规定的国民待遇与非歧视主要是针对货物或服务的,但一些条款则是要求不得针对供应商股权结构、供货业务、合同形式等而歧视。CPTPP 第 15.4 条第 2 款、第 3 款规定,"2. 对于有关涵盖采购的任何措施,一缔约方,包括其采购实体,不得:(a) 基于外国联营程度或所有权而使给予一当地设立供应商的待遇低于给予另一当地设立供应商的待遇;或 (b) 基于一当地设立供应商为一特定采购提供的货物或服务属任何其他缔约方的货物或服务而歧视该供应商。3. 对涵盖采购所授予合同项下的所有订单均应遵守本条第 1 款和第 2 款"。

(二) 采购主体的采购活动必要行为规则

CPTPP 规定了采购主体的必要行为及行为的具体规则,包括采购信息发布、意向采购通知、参加条件确定、供应商资格确定等内容。

1. 采购信息发布

CPTPP 政府采购章第 15.6 条规定:(1) 政府应迅速公布与涵盖采购相关的任何普遍适用的措施,及这一信息的任何变更或增加;(2) 公布法律法规、意向采购通知、供应商资格、合同授予后的信息所要求的通知的纸质或

电子方式；（3）政府应答复上述信息相关的询问。

2. 意向采购通知

CPTPP 政府采购章第 15.7 条详细规定了意向采购通知的具体要求。（1）对于每一涵盖采购，除限制性招标外，采购实体应通过适当纸质或电子方式公布意向采购通知，通知应至少在对该通知作出响应的期限或提交投标最后期限期满前可使公众容易获得。（2）如通知通过电子方式可获得，则通过单一访问接入点或单一电子门户中的链接免费提供。（3）除特殊规定外，每一意向采购通知应包括下列信息：①采购实体的联系信息、获得采购文件必要信息，以及其费用和付款条件（如有）；②关于采购的说明；③货物或服务的交付时限或合同期限；④提交参加采购请求的地址和任何最后日期；⑤提交投标的地址和最后日期；以及其他信息等。（4）努力使用英文作为公布意向采购通知的语文。（5）鼓励采购实体在每一财政年度尽早公布计划采购通知。

3. 参加条件确定规则

CPTPP 政府采购章第 15.8 条规定了采购主体在设定参加条件的不歧视与透明度规则。规则内容包括：（1）任何条件应限定在保证供应商具有满足该项采购所要求的法律、财务、商业和技术能力的条件方面。（2）不得强加如下条件：即一供应商为参加一采购，该供应商需在以往被授予一项或多项合同，或者可提出相关以往经验要求，如该经验为满足采购条件所必需。（3）在评估一供应商是否满足参加条件时，应根据供应商在国内外的商业活动评估该供应商的财务、商业和技术能力，以及仅根据采购实体在通知或招标文件中已预先规定的条件作出评估。（4）如有支持证据，可根据下列条件排除一供应商：①破产或无力偿债；②虚报；③严重或持续未履行以往一项或多项合同项下任何实质性要求或义务；或④未纳税。

4. 供应商资格确定

CPTPP 政府采购章第 15.9 规定了采购实体确定供应商资格的规则。具体内容包括：（1）登记制度和资格审查程序。采购实体设立供应商登记制度，据此要求感兴趣的供应商进行登记并提供某些信息；（2）不得采取造成不必要障碍或产生此种效果的任何登记制度或资格审查程序；（3）选择性招标。①如采用选择性招标，该采购实体应公布意向采购通知，邀请供应商提交针对涵盖采购的参加请求；在意向采购通知中包含采购应提供的信息。②采实体充分提前发布采购通知以便感兴趣的供应商可请求参加采购；③不迟于招标期限开始时，向合格供应商提供必要信息；以允许所有合格供应商提交投标；（4）采购实体建立或设立常用供应商名单的，需要每年公布邀请感兴趣的供应商申请加入该名单的通知或通过电子方式使该通知可持续获得；（5）建立或设立常用名单的采购实体，应在合理期限内将满足条件的所有合格供应商列入名单。

（三）政府采购活动的程序

CPTPP在采购程序方面重点规制了限制性招标和谈判。主要内容如下。

1. 限制性招标

CPTPP政府采购章第15.10条具体规定了相关要求，主要包括：（1）采购实体使用限制性招标应当不以避免供应商之间的竞争和保护本国供应商为目的或不以歧视任何其他缔约方的供应商。（2）采购实体在下列情况下方可使用限制性招标：①对于已发通知、参加邀请或投标邀请方面无投标提交或无供应商请求参加或者无符合招标文件基本要求的投标提交或者无供应商符合参加条件；或提交的投标属串通性质；②货物或服务只能由特定供应商提供，且由于有关要求针对艺术作品、保护专利、版权或其他专有权、技术原因而不可行、在商品市场上或交易所购买的货物等原因不存在合理的备选或替代货物或服务。

2. 谈判

CPTPP政府采购章第15.10条规定了采购实体谈判采购的规则要求，具体内容包括：（1）可以使用谈判采购的情形：①如采购实体意向采购通知所要求的意向采购通知中已表明开展谈判的意向；②如评估显示，就意向采购通知或招标文件中所列具体评估标准而言，无投标具有明显优势。（2）采购实体应：①保证对参加谈判的供应商的任何排除依照意向采购通知或招标文件中所列评估标准进行；②在谈判结束时，向其他参加投标的供应商规定提交任何新的或经修改的投标的共同最后期限。

（四）技术规格

CPTPP政府采购章对于采购主体确定所采购商品或服务设定技术规则有严格要求。该章第15.12条规定了技术规格，主要内容包括：（1）采购实体不得以对贸易造成不必要的障碍为目的或产生此种效果的方式制定、采用或适用任何技术规格或规定任何合格评定程序；（2）采购实体应：①以性能和功能性要求列出技术规格，而非设计或描述特征；②如存在国际标准，则技术规格应根据国际标准；如无国际标准，则应根据国家技术法规、公认的国家标准或建筑规范；（3）采购实体不得规定要求或指明一特定商标或商号、专利、版权、设计、型号、特定原产地、生产商或供应商的技术规格；（4）采购实体不得以产生排除竞争效果的方式，自可能与具有商业利益的特定供应商的寻求或接受可用于制定或采用该项采购的任何技术规格的建议；（5）采购实体在为一特定采购制定规格时可开展市场调研。

（五）期限

CPTPP 政府采购章明确规定了主要行为或程序的期限。内容主要包括两个方面。

1. 总则

采购实体应在与其自身合理需要相一致的情况下，为供应商提供充足时间以获得招标文件并准备和提交参加请求和响应性投标，同时考虑采购的性质和复杂性；及在不使用电子方式的情况下，自国外和国内各地以非电子方式传送投标所需的时间。

2. 最后期限

（1）采购实体应设定提交参加请求的最后期限自意向采购通知公布之日起原则上不得少于 25 天。（2）采购实体应设定提交投标的最后日期自下列日期起不得少于 40 天：①对于公开招标，意向采购通知公布之日；或②对于选择性招标，采购实体通知供应商其将受邀提交投标之日，无论是否使用常用名单。（3）采购实体在采用电子方式的情况下可将招标期限缩短 5 天。（4）在下列情况下，采购实体可将招标期限缩短至不少于 10 天：①采购实体在意向采购通知公布前至少 40 天但不超过 12 个月已根据意向采购通知公布计划采购通知，且该计划采购通知包含可获得的尽可能多的有关意向采购通知的信息；②采购实体能够充分证实的紧急状态表明一般招标期限不可行；③采购实体采购商业性货物或服务。（5）缩短期限不得导致一般招标期限缩短至自意向采购通知公布之日起少于 10 天。（6）期限及这些期限的任何展期应同等适用于所有感兴趣或参加投标的供应商。

（六）国内审查

CPTPP 第 15.19 条规定了针对政府采购的国内审查要求。主要内容包括：（1）每一缔约方应设立、建立或指定至少一独立于其采购实体的中立行政或司法主管机关（审查主管机关），以非歧视、及时、透明和有效的方式，对供应商就其拥有或曾经拥有利益的涵盖采购进行过程中出现的情况所提出的质疑或申诉（申诉）进行审查；（2）供应商提出申诉，如适当，应鼓励该采购实体与该供应商寻求通过磋商解决其申诉。采购实体应对该申诉给予公正和及时的考虑，且以不损害该供应商参加正在进行的或未来进行的采购或其根据行政或司法审查程序寻求纠正措施的权利的方式进行。每一缔约方应使其关于申诉机制的信息可普遍获得。（3）如审查主管机关之外的机构最初审查申诉，则应保证该供应商可就最初决定向独立于其申诉所针对的采购实体的审查主管机关提起上诉。（4）如审查主管机关已确定存在违反或未遵守情况，则缔约方可将对损失或损害的赔偿限定为准备投标或提出申诉过程中合理发生的费用或两者均包括。（5）如审查主管机关不是法院，则其审查程序应依照正当程序开展。（6）应采用或设立包含下列规定的程序：①在申诉解决前的快速临时措施，以保护该供应商参加采购的机会，并保证缔约方的采购实体遵守其执行本章的措施；及②纠正措施，可包括赔偿。该程序可规定，在决定是否采用此类措施时，应考虑对包括公共利益在内的有关利益的重大不利后果。不采取行动的合理理由应以书面形式提供①。

四、自贸区政府采购规则存在的问题

CPTPP 的政府采购规则，强调了政府采购的数字便利化、平等与不歧视待遇、信息公开透明、正当程序、审查体系等方面。而从自贸区实践来看，有关外商投资的政府采购规则存在的问题，也是地方政府采购规则存在的问题。这些问题表现如下。

---

① 本部分参考商务部国际经贸关系司《〈全面与进步跨太平洋伙伴关系协定〉（CPTPP）中英对照文本》。https://gjs.mofcom.gov.cn/wjzl/zymyq/art/2021/art_d730af75744a4a30901c9812bdef2ab6.html.

（一）制度化建设不足

与 CPTPP 政府采购章具体详细的规则体系相比，我国国家层次的政府采购规则存在规则不统一、某些具体规则缺乏等问题，而自由贸易试验区政府采购规则也存在同样问题。

1. 国家层次法律不完善

主要表现在：（1）法律规则不统一。我国当前的政府采购法律规则体系处于《政府采购法》与《招投标法》两法并轨的状态。这两部法律在价值目标、立法宗旨、适用范围、监督机制等方面的规定上存在较大差异，无法顺利对接。这会导致法律适用出现困难，严重影响到这两部法律的有效实施，使我国政府采购规则体系总体不协调。（2）某些具体规则缺乏。我国《政府采购法》是制定于当前国际经贸中的政府采购规则成为一般规则之前，制度设计尚不完善。例如，没有规定技术规格、常用名单设定等相关的不歧视规则，在实际操作中往往形成壁垒或障碍；再如，与 CPTPP 规则相比，我国政府采购具体规则中没有突出对平等与不歧视原则的蕴含，缺乏参加条件、供应商资格确定等方面规则。另外，缺乏一些法定的救济途径，在法律上没有对供应商的投诉和救济作出规定，也没有法律意义上相应的惩罚方法。

2. 自贸区层次的规则不具体

自由贸易试验区政府采购规则一般是对国家政府采购规则的地方实施具体化。从实践来看，自贸区政府采购并不是过去制度创新的重点，因此，并没有超出国家层次政府采购规范的范围，也没有吸纳 CPTPP 政府采购规则的内容。例如，2017 年 12 月上海市政府通过的《上海市政府采购实施办法》就是如此。

（二）信息公开与透明度不足

地方政府采购需要坚持透明度原则和信息公开制度。与 CPTPP 详细规定政府采购活动的透明度与信息公开相比，我国政府采购透明度低，信息公开制度不健全。主要表现为：一是信息公开不完整。比如，对各类通知内容的具体要求缺乏规定；公开的内容多为最终结果，缺乏细节等。二是信息公开没有实效性。虽然政府采购相关信息对全社会公开，但是因为一般民众并不了解政府采购的相关情况规定，同时很多供应商对各级政府信息公开渠道也不了解，使得相关主体公平参与政府采购活动非常不便。

（三）监督审查机制不完善

CPTPP 政府采购规则要求建立完善的监督审查与救济机制。与之相比，我国的政府采购相关规则还不完善。（1）政府采购监督范围狭窄。政府采购是一个全过程，因此监督应当对政府采购过程中的所有环节进行全程监督。但是我国政府采购法律规范更加重视采购方式的执行和采购合同的签订，在立法上忽视了对其他环节的关注，会出现监管缺位的现象。（2）政府采购监督主体不明确。目前我国现行的政府采购法律制度中并没有独立监督主体。在实践中，采购监督管理部门通常就是采购机构的主管部门，有些采购机构甚至由财政部门设立，形成自我监督，难以有效发挥监督作用。（3）行政与司法监督权缺位。首先，我国行政机关的监督往往是审计机关对政府采购结果的事后监督，纪检监察部门的监督权只针对政府采购工作人员的违法违规行为，不能完全发挥监督效果。其次，司法机关监督权存在缺位，根据"不告不理"的原则，只能对政府采购活动进行被动监督，但被动监督往往难以弥补违法违规造成的损失。

五、自贸区政府采购制度的完善

（一）完善法律规则体系

从对接国际经贸规则的角度而言，我国自贸区政府采购法律制度需要在国家、自由贸易试验区两个层面完善。（1）国家层面的法律完善。一是修订完善《政府采购法》，吸纳 CPTPP、RCEP 等高标准经贸规则中的政府采购规则具体内容，例如体现平等与不歧视规则的参加条件的确定、供应商资格的确定、技术规格的设定等规则，以及政府采购活动中不公平竞争受害者的申诉和救济机制等；二是协调《政府采购法》与《招标投标法》。我国《招标投标法》与《政府采购法》目前采取分散立法模式，在基本原则、具体规范和适用范围方面等方面存在差异，我国应尝试通过修改该两部法律或者将二者合并为一个法律。（2）自贸区层面的规则完善。自贸区应当制定地方性有关政府采购的法律规范,根据本区域实际境况深度对接高标准经贸规则中的政府采购规则,同时具体化国家层次的政府采购规则。

(二) 完善信息公开与透明度具体规则

政府采购活动的公开透明既是提升政府公信力的重要举措,也是现代政府采购制度的重点。我国自贸区应参照CPTPP政府采购体现透明度的具体化规则,制定自贸区的相关规则。一是设立统一的便利化的政府采购信息发布平台;二是及时公布与政府采购相关的法律、法规、政策、措施;三是及时发布政府采购信息,满足时效性要求;四是发布意向采购通知、供应商资格、合同授予后的信息等,并确定发布的方式。

(三) 完善政府采购审查监督机制

作为一种公共采购方式,政府采购涉及范围广、利益复杂,加强对政府采购的监督,是采购程序合法和正常运行的重要保障,保证我国政府采购体制有效运行的关键。一是建立全程审查监督体制,将重视事后监督改变为过程性监督。二是完善内部监督机制,实现采购与内部监督权责分离。三是要加强审计、监察等专业机构对政府采购的监督。四是在自贸区建立独立的审查监督机制。五是健全政府采购申诉、检举机制。首先,保障供应商的质疑、投诉和建议的权利;其次,简化投诉和反馈程序,增加供应商的法律救济途径;最后,扩大投诉和反馈范围,确保供应商能够及时寻求救济。

第三节 促进投资便利化的标准开放制度创新

《外商投资法》第15条规定,我国保障外商投资企业依法、平等地参与标准制定工作;国家应当强化对标准制定的信息公开和社会监督;政府所制定的强制性标准应当平等地适用于外商投资企业。本条规定的目的是维持内外资标准适用的非歧视和不造成外商投资的障碍,进而实现投资便利化。

一、标准开放的内涵与必要性

(一) 标准开放与标准国际化

《中华人民共和国标准化法》(以下简称《标准化法》) 将"标准 (含标准样品)"定义为"农业、工业、服务业以及社会事业等领域需要统一的技术要求"。标准一般包括国家标准、行业标准、地方标准和团体标准、企业标准。国家标准分为强制性标准和推荐性标准。行业标准、地方标准属于推荐性标准。标准化是指"为了在既定范围内获得最佳秩序,促进共同效益,对现实问题或潜在问题确立共同使用和重复使用的条款以及编制、发布和应用文件的活动"。《标准化法》认为标准化工作的任务是制定、组织实施标准,以及对标准的制定、实施进行监督。"标准开放"通常指的是国家允许各方主体开放地制定和使用标准,这些标准的参与制定与实施是开放的,不受特定方的控制。标准开放的目的是促进技术的互操作性、创新和广泛的应用,从而使标准可以被广泛地参与制定和实施。标准开放与标准的国际化不是同一概念,但二者之间存在着密切的联系。标准开放意味着国家需要向世界开放其标准制定的参与机制、制定程序,保障外商投资企业依法平等参与本国的标准制定工作,保障外商投资企业与本国企业享有平等的权利义务,切实做到公平公正。这一过程就需要世界各国、各组织的广泛参与,本身具有国际化的特征。另一方面,标准的国际化更多意味着某国所制定的标准走向世界,为世界各国与各组织所认可、适用,也就是该标准走出国门,并在更广阔的世界范围内得到了实践操作。因而,标准开放的侧重点在标准制定方面,强调国家应当积极作为,以实现外商对于标准制定工作的切实参与,以保障国家标准开放落到实处。而标准的国际化侧重点则偏向于标准适用的结果方面,强调国家所制定的高质量标准"走出去",被更多国家认可与适用,而这也是一个国家通过公平公正与创新开放的标准化工作所希望实现的结果。"标准开放"与"标准的国际化"相辅相成。通过标准开放工作可以推动本国制定出更适应国际社会的高质量标准,从而推动本国标准的国际化;标准的国际化某种程度上又可以提高本国标准的知名度,推动更多国家愿意参与到本国的标准制定过程中,从而形成标准化工作的良性循环。

（二）标准开放的必要性

随着社会进步与国际贸易的发展深化，推进我国标准开放的必要性主要体现在以下几个方面。

1. 顺应国际市场需求

随着经济全球化的深度发展，国际市场经济的发展要求有一套共通的标准来确保产品和服务的质量与安全，促进技术交流和贸易畅通。如果我国的标准制定仅考虑国内来制定各行业各产业的标准，其后果很可能是我国产品不符合国际社会的要求，从而在国际贸易领域阻碍双循环发展。而标准开放则是能够制定更高认可度标准的不可忽视的一个方面。经济全球化的发展客观上要求保障我国标准制定对外商投资的开放。

2. 促进技术创新，推动高质量发展

在数字化和信息技术迅速发展的今天，通过标准开放工作可以推动我国吸纳、融入国际各方的标准，从而推动技术创新、提升我国企业的产品质量，使其从只满足本国标准达到满足各方标准的水平。同时，也有助于社会与企业充分发挥数字化带来的优势，推动新技术的可持续传播，从而提升国内企业在国际市场的竞争力，推动经济社会高质量发展。

3. 促进高水平对外开放

实施标准开放有助于我国与国际高标准贸易和投资通行规则相衔接，有利于更好地吸引全球生产要素，如资金、人才和信息等要素，提高资源配置的效率和效益，从而促进我国形成高水平的营商环境，促进投资贸易便利化。

总的来说，标准开放对于融入全球产业链、提升国家竞争力、推动技术创新、促进投资贸易便利化、实现高质量发展等各方面具有重要意义。

二、《外商投资法》规定的标准开放主要内容

根据《外商投资法》第十五条的规定，国家应当保障外商投资企业在标准制定过程中，依法平等地参加标准的制定工作，加强相关信息的披露，并加强对标准制定的社会公众监督。本条从法律形式上保障了外商投资企业参与我国标准制定的权利。《外商投资法实施条例》第13条对之进行具体化，内容主要包括：

（1）外资企业有权平等地参加标准的制定和修改。对国家、行业、地方、团体等标准的制定和修订，外资企业与国内企业应当依法平等参与。一方面，要求外商投资企业与内资企业享有平等参与的权利；另一方面，本条规定也要求对于各个不同外商投资企业的参与权利应当平等对待，不能歧视某一方而优待另一方。

（2）赋予外商投资企业自行制定企业标准的权利。外商投资企业可以按照自己的需求自行制定企业标准，或者与其他企业联合共同制定企业标准。

（3）保障外商投资企业在参与标准制定过程中的各项具体权利。外商投资企业可以提出标准的立项建议，在标准的立项、起草、技术审查、信息反馈、评估等方面进行评估并提出意见和建议，并根据需要承担标准的起草、技术审查和外国标准的翻译工作。

（4）通过程序公开，保障外商投资企业参与标准制定的权利能够切实实现。标准化有关的行政主管部门与管理机构应当制定和完善标准制定和修订的相关工作机制，推动标准制定和修订的全过程信息公开，提高透明度。

三、中国自贸区有关标准开放的规则与具体实践

（一）自贸区标准开放的规则

中国自贸区的有关标准开放的规则主要规定在外商投资促进条例中。上海市于2020年出台了《上海市外商投资条例》，其中第35条规定了标准开放。之后，《广东省外商投资权益保护条例》（2022）第13—15条、《江苏省促进和保护外商投资条例》（2023）第11条、《北京市外商投资条例》第17条规定了标准开放。主要内容包括：（1）保障外商投资企业依法平等参与地方标准的制定、修订工作；（2）对于与外商投资企业生产经营密切相关的地方标准，应当充分听取外商投资企业的意见，探索提供标准征求意见稿的英文译本或者摘要；（3）外商投资企业可以推荐代表参加相关专业标准化技术委员会；（4）依法公开地方标准制定、修订的全过程信息，为外商投资企业参与地方标准起草相关工作、标准翻译以及标准国际化合作等提供便利和指导；（5）禁止利用标准实施妨碍外商投资企业参与公平竞争的行为；（6）鼓

励外商投资企业制定高于推荐性标准相关技术要求和具有国际先进水平的企业标准，引导外商投资企业将科技创新成果转化为企业标准；（7）参与标准制定、修订的外商投资企业可以按照有关规定申请补助资金。

（二）自贸区有关标准开放的实践

国务院2023年出台的《国务院关于进一步优化外商投资环境加大吸引外商投资力度的意见》强调了地方应当将标准开放措施落到实处，并鼓励外商投资企业自行制定或与其他企业联合制定企业标准，开展标准化服务；在服务业扩大开放综合试点示范地区推进国家级服务业标准化试点。2024年出台的《扎实推进高水平对外开放更大力度吸引和利用外资行动方案》再次强调公平参与标准制修订，支持外商投资企业以相同条件参加先进制造、工程材料、信息通信等标准化技术委员会或相关标准化组织机构，依法平等参与标准制定修订工作；及时公开国家标准信息，提高标准化工作的透明度、开放性。一些自由贸易试验区，如上海、浙江等率先在标准开放方面开展了实践。

2024年6月，上海市出台了《上海市关于进一步支持外商投资企业参与标准化工作的若干措施》，规定了详细的标准开放具体措施：（1）建立外商投资企业标准化协作平台。（2）鼓励参与国际标准化活动。鼓励外商投资企业发挥总部资源优势，在国际标准化活动中发挥桥梁作用，为国际标准化合作交流创造条件。支持外商投资企业在本市举办国际标准化会议和论坛等交流活动。（3）提升参与国家标准和行业标准的便利度。聚焦外商投资企业关注的重点领域，发挥在沪全国专业标准化技术委员会秘书处作用，为外商投资企业参与国家标准和行业标准制定提供便利。收集外商投资企业对标准的意见和建议，并反馈至相关部门和国家标准委。（4）提高地方标准的参与度。（5）鼓励制定团体标准和企业标准。鼓励外商投资企业自行制定或与其他企业联合制定企业标准，将创新技术、先进管理方法和服务模式形成标准，推动上下游企业加强产业链业务协同。（6）支持参加各级标准化技术组织。（7）鼓励外商投资企业以服务业扩大开放综合试点建设为契机，围绕养老、医疗、互联网、交通运输等领域，开展国家级、市级服务业标准化试点建设，发挥标准对行业的带动和示范引领作用。（8）提高标准化公共服务水平。为外商投资企业提供标准信息查询、政策精准推送、标准宣贯、公益培训等一站式服务。试点提供多语种标准文献查询服务。及时宣传外商投资企业开展标准化工作的典型案例和成果。鼓励有条件的外商投资企业开展标准咨询、标准比对分析、标准跟踪研究等标准化服务。

四、自贸区标准开放存在的问题

《外商投资法》规定了外商投资企业参与我国标准开放工作的权利义务等内容，对于切实保障我国的标准化工作具有重要意义。但从上文来看，我国自贸区在标准开放的过程中还存在许多不足之处。

1. 市场准入限制

市场准入限制是指政府为了规范市场秩序、保护消费者权益、维护公共安全等目的，对某些行业或领域设定的进入门槛。这些门槛可能包括资质要求、技术标准、经验条件等。在这个框架下，标准起着至关重要的作用，它们是市场准入限制中的重要组成部分。尽管市场监管总局发布新的规定，强调不得以行业标准为依据对企业设置不合理的资质认定、许可认证、审批登记、评比达标等事项，不得以行业标准为依据对市场竞争进行排除、限制。禁止利用行业标准设置不合理的奖励资格、许可认证、审批登记、评比达标等事项，以及通过行业标准实施排除或限制市场竞争的行为。尽管外商投资法提出了放宽市场准入的原则，但在某些行业或领域，仍存在一些限制或障碍，例如特许经营、金融服务等领域。这些限制可能会影响外商投资的自由度和竞争力。

2. 地方保护主义

地方保护主义通常违背了市场经济的公平竞争原则，并且破坏了统一的国家市场。如果地方政府制定的标准与国家标准不一致，或者过于苛刻，就可能成为保护本地企业、排斥外地企业的工具。这种做法会导致市场分割，限制了产品和服务的自由流通。尽管中央立法机关制定了统一的《外商投资法》，但在某些地方，地方政府可能出于地方利益考虑，采取不同程度的保护主义措施，从而对外商投资者形成不利影响。

3. 实施细则不够完善、法律透明度不足

从上文可以看到，尽管《外商投资法》为外商提供了更多的市场准入机会和更好的法律保护，但自贸区或者没有详细制定并实施细则，或者实施措施简单或碎片化。这导致外商投资者在实践中难以准确把握标准法律规范的适用范围和具体要求，同时，对于参与哪些标准制定、在多大程度上参与、以何种方式参与等内容，没有具体规则可循。

4. 自贸区内标准与国际标准之间的协调

在 RCEP 协定第六章第 5 条第 3 项规定："缔约方应当在适当的情况下，加强互相之间在例如 WTO/TBT 委员会等其他国际层面的活动中讨论国际标准和相关问题时的协调和沟通。"事实上，我国自贸区高质量融入 RCEP，需要国内标准、区域标准、行业标准与国际标准、国外标准的协调，以促进技术和产品的国际兼容性和互认。

5. 自贸区标准化服务体系未建立

一方面，外商投资者往往需要充分了解所投资领域的相关标准，以便能够顺利投资；另一方面，外商投资者如果需要参与当地标准的制定，也需要通过一定的平台获得信息。而对当地政府而言，需要通过平台开展宣传外商投资企业开展标准化工作的典型案例和成果等活动。但是，当前绝大部分自贸区没有建立标准化协调与服务平台。

五、标准开放的国外经验

欧美等经济发达国家在其经济发展过程中，将标准开放作为促进对外贸易与投资的重要手段，并取得了很好的效果，值得借鉴。

（一）美国标准开放的主要经验

2000 年美国首次提出国家标准战略，目的是通过多方合作与协调，增进美国标准在全球范围内的接受度和影响力，以促进美国经贸的良好发展，主要做法如下。

1. 在标准制定与国际化方面

（1）美国通过制定标准框架战略规划，对重点领域、新兴领域国际标准化工作进行长远规划，并与经贸、产业相融合发展。（2）依托美国标准化协会等组织在重点领域、新兴领域研究相关标准，抢占标准制定的先发优势和主导权。（3）通过发挥美国材料与试验协会（ASTM）、石油协会（API）等协会作用，依托技术优势与市场影响力，将本国标准变成事实上的国际标准。（4）依托美国标准化组织的优势，通过承担 ISO、IEC 等国际标准化组织的相关工作,巩固扩大美国在上述组织的话语权。

2. 在标准开放与国际合作方面

(1) 通过技术援助、技术合作协议等方式,与他国标准与合格评定机构开展双多边合作,输出本国标准。(2) 通过组织研讨会研讨,深入了解利益攸关者的标准化需求。(3) 根据利益攸关方的标准化工作需求,适时将本国成熟的标准或标准化体系向有需求的国家输出。

3. 在制度与机制保障方面

(1) 制定法律法令保障标准化工作高效开展,如果美国专门制定了《国家技术转让与促进法案1995》等相关法律法令文件。(2) 建立分工明确相互协调的组织机构。在美国相关机构职能中,联邦政府负责战略规划,国际标准技术研究院负责具体的实施框架和路线图,标准化协会负责沟通与协调,而相关团体与跨国公司负责实施和落实。(3) 在资金方面,采取多元化资金投入方式,充分保证国际标准化工作与标准开放的资金需求。

(二) 欧盟标准开放的主要经验

欧盟标准开放具有自身特色,既注重欧盟成员内部之间的标准统一,也注重欧盟标准的国际标准转化及对欧盟外国家的影响与输出。

1. 欧盟标准制定与国际标准化工作

(1) 欧盟将国际标准化战略与技术和产业发展战略深度融合。例如在数字化发展战略中,明确提出物联网、网络安、全5G等领域国际标准的制定与发展[①]。(2) 发挥欧盟标准体系的实际功能,在标准国际化中,保护欧盟利益及相关产业发展优势。

2. 在标准开放与国际合作方面

(1) 建立欧盟内部的沟通与协调机制。建立汇集欧洲及欧洲各国标准化组织、产业界人士及理论工作者的沟通与协调机制,确保国际标准化工作符合欧盟利益和维持欧盟的全球影响力。(2) 建立与欧盟外国家和国际组织间的合作机制。通过与国际标准化组织、G7集团国家等国家或组织开展多元深度及战略合作,推动"数字化"和"绿色"转型等重大领域的标准化的落

---

① 胡关子. 欧盟标准化战略的政策背景、内容分析及对我国的启示 [J]. 标准科学,2022 (4): 6-13.

地与实施。（3）和美国相似，通过产业和技术输出带动标准国际认可，促进其他国家，特别是亚非拉国家在数字化转型、清洁能源等领域使用欧洲标准[①]。

3. 在制度与保障机制方面

（1）制定相关法律与监管规则。一是通过修订欧盟标准化条例等一系列法律、政策，调整欧盟标准化体制机制，加强欧盟标准化工作顶层设计和战略规划，强化欧盟标准化工作整体的协调配合能力。二是依托本身的国际市场影响力，通过制定标准相关的监管规则，为欧盟标准成为国际标准提供制度支撑。（2）建立相互协调的组织机构。一方面，在国际上，通过欧盟成员国在国际标准化组织中的成员国数量优势及影响力，推动国际标准对欧盟标准的吸纳；另一方面，在欧盟内部，建立欧洲标准卓越中心，并汇聚相应专家，从技术上为欧盟开展国际标准化工作提供支撑。

（三）日本标准开放的主要经验

21 世纪初国际标准的话语权由欧美垄断。日本为了摆脱在国际贸易中处处掣肘的困局，希望通过全面提升国际标准化水平来突破贸易壁垒，从而应对日益变化的国际贸易局势。日本标准开放的主要经验有以下几点。

1. 标准制定与国际标准化工作

（1）根据自身优势，明确标准化工作重点领域，重点攻关和突破相关领域国际标准化工作。日本以市场为导向，以推动技术进步、提升产业竞争力未来目标相继提出了《标准化战略（总论篇）》《国际标准综合战略》。（2）在国际标准化工作中强调官民合作[②]。日本制定了《标准化官民战略》，强调加强政府、商会等对中小企业标准化和认证活动的支持力度，鼓励企业设立首席标准化官（CSO）[③]，制定与企业业务战略、研发战略和知识产权战略相结合的标准化战略等，充分发挥企业参与标准化工作的主动性，促进企业的标准化工作水平。

---

① 庄智一. 上海标准制度型开放对策建议研究［J］. 标准科学，2024（6）：60 - 64 + 80.
② 许柏，杜东博，刘晶，等. 日本标准化战略发展历程与最新进展［J］. 标准科学，2018（10）：6 - 10.
③ CSO，全称 Chief Solution Officer，是负责挖掘问题、协调缓解问题和解决问题的高级管理人员。

2. 在标准开放与国际合作方面

（1）加强与亚洲国家的合作，建立双边标准化合作关系，重点在绿色节能、机器人、电池等领域推动标准走出去。（2）将标准走出去与认证相结合，构建区域互认的认证体系等，通过合作项目和技术交流，推动本国标准与国际标准的对接和融合。

3. 在制度与机制保障方面

（1）建立"新的市场创造型标准化制度"，由企业或日本标准协会（JSA）负责国内外标准的编制工作，加强对中小企业标准化和认证活动的支持。并积极向标准化管理体制成熟的国家、标准化机构和技术联盟学习，借鉴先进经验和做法。（2）针对企业的标准化工作，建立相应的标准化管理机制，鼓励企业设置最高标准化责任人制度，提升企业国际标准化工作质量和效率。（3）对企业开展国际标准化和认证工作提供支持，提升对标准开放的保障力度[1]。

六、自贸区标准制度型开放的路径

从《外商投资法》的要求视角而言，结合我国国内实际和外国有益经验，我国应从以下几个方面继续深化实施标准开放。

（一）提高标准法律法规等制度机制的透明度

（1）推动法律宣传，使外商投资企业充分了解相关法律法规与政策。我国应当积极通过各种方式和途径（如网络宣传、完善服务咨询机构等）使相关主体熟悉我国关于标准开放的法律法规与政策，这些法律明确了外商投资企业与内资企业享有同等待遇参与标准化工作的各项权利。

（2）在推进标准制定和修订过程中，主管部门应当加强标准制定和修订的透明度，推动标准化工作全过程的信息披露工作。标准化行政主管部门和有关行政主管部门应当建立健全相关工作机制，提高标准制定、修订的透明度，推进标准制定、修订全过程信息公开。

---

[1] 庄智一. 上海标准制度型开放对策建议研究［J］. 标准科学，2024（6）：60-64+80.

(二) 充分保障外商投资企业参与

(1) 保障外商投资企业参与标准化工作的各项具体权利。外商投资企业有权向标准化行政主管部门或者其他有关部门提出建设标准的提案；可以参加国家标准的起草、技术审查、外文翻译等工作。同时，在标准立项、标准制定、技术审查等方面，外商投资企业可以提出意见和建议，确保其权益得到充分考虑。这要求自贸区积极保障外商投资企业在中国市场上享有与内资企业同等的权利和义务，包括在标准的制定和实施过程中的参与权。同时也要求国家对外商投资企业的权利建立相应的救济机制，以确保其权利的有效行使，落到实处。

(2) 推动外商投资企业积极参与各类标准化技术委员会。我国的立法许可外资企业的代表以委员、观察员的身份参加全国专业标准化技术委员会，享有相关的权利并承担相应的责任和义务。自由贸易试验区应当许可外商投资企业代表参加各类专业标准化技术委员会。通过这些步骤，外商投资企业可以积极参与到自贸区地方标准制定过程中，保障其参与权利，从而推动我国的标准开放进程。

(三) 强制性标准的平等适用

在强制性标准的平等适用方面，我国自贸区需要从以下几个方面完善制度。

(1) 提升强制性标准的内外一致性，扩大强制性标准的普遍实用性。强制性标准平等适用目的是，不因强制性标准的区别对待形成不公平竞争或壁垒。在标准的制定和适用中提升国内标准与国际标准或他国标准的一致性，更能为强制性标准的平等适用提供便利化。在强制性标准的制定中，逐渐与国际标准接轨，提升国内外标准的一致性，有助于提高标准的质量和国际认可度，以及普遍适用性，进而有助于平等适用。例如，中国已经在机械、化工、信息技术等领域转化了大量先进适用的国际标准，使相关领域的关键技术指标与国际标准一致性程度达到95%。我国还需要在其他领域继续促进内外标准的一致性，以更有利于强制性标准的平等适用。

(2) 对接国际高标准规则，实施统一监督管理。适用强制性标准，有利于建立健全我国强制性国家标准管理体制机制，满足标准与国际标准接轨的需要。例如，我国通过制定《强制性国家标准管理办法》，以体现 WTO 等协议的相关要求，与国际协议更好接轨。强制性标准的相关法律法规中明确规定了标准的执行监督管理部门以及有关的监管部门可以根据法律、行政法规和部门规章对违反国家强制性标准的行为进行处理，以确保标准的严格执行和国际互认，维护统一的标准化秩序。

（四）标准制定程序法律化

标准制定程序的法律化是指将标准制定的过程正式纳入法律框架内，确保标准的制定、实施和监督都遵循法律规定的程序和要求。这就意味着标准制定的每一个步骤（从提案、起草、审查、批准到发布）都必须符合法律规定，以保证标准的公正性、透明性和有效性。推进标准制定程序的法律化是提升我国标准国际影响力的有效途径。

（1）保障标准的科学性和先进性，增强标准的竞争力。法律化的标准制定程序要求标准必须基于科学研究和技术发展，这有助于确保我国制定的标准能够反映最新的科学技术成果，有助于确保标准的质量和实用性，使标准更具竞争力，从而在国际标准中占据更有利的地位。

（2）确保参与的多样性，推动标准的国际化。法律化程序通常要求各利益相关方的广泛参与，这不仅包括国内各方，也鼓励国际合作伙伴的参与，从而提升标准的国际影响力。这有助于我国自由贸易试验区制定的标准与国际标准接轨，促进标准的国际应用和认可，从而在全球范围内推广我国的技术和标准。

（3）增强政策的一致性，强化标准的合法性。通过法律化程序制定的标准具有更强的合法性，这有助于确保国内政策与国际规则的一致性，减少国际贸易中的技术性壁垒，推动我国标准在国际市场的应用和认可，促进我国标准的国际化。

总之，在制度型开放背景下，《外商投资法》的实施对我国标准开放提出了法律上的要求。通过具体化的有关标准的制度改革和法律化，保障外商投资者有效参与标准制定、增强标准法律法规的透明度、公平适用强制性标准，进而形成法治化、便利化、国际化的营商环境，最终促进国际投资贸易的发展，是我国标准制度型开放的努力方向。

本章小结

从我国自贸区的实践来看,金融服务便利化制度创新是制度创新的重点,但仍存在许多不足。一是金融制度创新服务跨境投资贸易力度不足;二是金融制度创新法治化水平不足;三是金融制度创新对标国际高标准经贸规则不足。我国自贸区通过加大服务跨境投资贸易的经济制度创新力度、提升自贸区金融创新法治化水平、深度对接高标国际准经贸规则金融条款等方面创新和完善制度。公开透明、公平竞争的政府采购制度是投资便利化营商环境的一部分,我国自贸区在政府采购领域还存在许多不足。主要表现为国家与自贸区层次法律不完善、信息公开与透明度不足、监督审查机制不完善等。而高标准国际经贸规则中已有完善的政府采购规则,自贸区应当借鉴高标准经贸规则,从以下几个方面进行创新和完善制度:一是完善法律制度规则体系;二是完善信息公开与透明度具体规则;三是完善政府采购审查监督机制。维持内外资标准适用的非歧视和不造成外商投资的障碍,是实现投资便利化的一项要求,也是制度型开放的重要方面。我国在标准深度开放方面才刚刚起步,同样存在许多不足,需要在标准法律法规等制度机制的透明度、充分保障外商投资企业参与、强制性标准的平等适用、标准制定程序法律化等方面实施制度型开放。

第四章　中国自由贸易试验区外商投资促进措施制度创新与完善

本章主要讨论狭义的投资促进措施制度创新问题，重点分析 RCEP、CPTPP 等条约中的投资措施、国际组织倡导的投资措施、我国国家及区域层面法律制度中的投资促进措施，以及印度、越南等国家的典型投资促进措施。同时，本部分详细分析了我国自贸区在投资促进制度机制建设方面存在的不足，重点阐释了相关制度创新与完善的建议。

第一节　国际经贸规则中的投资促进措施规则

尽管 UNCTAD、OECD 关注一国家或地区内部的狭义投资促进措施较早，但就整体而言，具有法律拘束力的国际经贸规则对投资促进措施的规制相对较少。本节将对相关规则制度进行一些梳理。

一、RCEP、CPTPP 投资促进措施规则

从内容上而言，CPTPP 侧重投资自由化及便利化，基本不涉及专门的狭义投资促进措施规范。RCEP 较为关注成员间的投资促进问题，专门规定了投资促进条款，以及在投资便利化中规定了投资促进措施。RCEP 投资促进措施主要规定在投资章第 16 条、第 17 条之中，主要内容包括：（1）组织联合投资促进活动；（2）商业配对活动；（3）组织和支持举办各种介绍会和研讨会；（4）就与投资促进有关问题进行信息交流；（5）便利化国家主管机关之间举行会议，便利信息和方法交流，更好地便利投资。

RCEP投资促进条款具有以下特征：（1）投资促进措施规定较为笼统。从对国际相关条约实践来看，与投资有关条约涉及投资促进的条款较少①。RCEP虽然规定了投资促进条款，但内容较为笼统，比如组织联合投资促进活动、进行信息交流等只是简单的规定。（2）投资促进条款属于积极承诺。RCEP投资章第16条明确规定缔约方通过投资促进措施努力促进和提高本地区作为投资地区的认知。这意味着投资促进是缔约方积极努力的承诺，更多的是体现缔约方促进投资的决心，而不是被动必须履行的有严格标准的义务。缔约国履行义务的程度与水平，并不受强制监督。（3）投资促进措施实施各国具有自由裁量权。条约中对投资促进措施如何实施并没有规定，是缔约国根据本国实际情况来决定如何履行，在哪方面履行，以及履行的程度如何。

二、OECD投资促进措施规则

OECD一直致力于全球范围内的投资促进与便利化，通过全球范围内比较分析和经验分享，促进投资促进和便利化方面的全球思维和国际合作，并于2016年成立了经合组织投资促进机构网络。当前，特别是疫情之后，OECD更致力于在可持续发展、数字经济领域的投资促进措施。

（一）促进可持续发展的投资促进措施

在可持续发展方面，提倡将促进可持续投资作为投资促进的优先策略，这方面的投资措施包括：（1）确定可持续投资的优先领域，如可再生能源、创新领域、脱碳潜力的绿色技术和项目等；（2）确定可再生能源投资促进的重点，如确定优先投资的部门和企业名单；（3）通过直接使用外部资源和内部研究以及公司调查和访谈来确定优先投资者②；（4）通过结合结果相关的关键绩效指标（KPI）或机制，例如与低碳转型相关的指标、可持续性评分机制，来衡量援助投资的可持续性，选择优先公司并指导其是否协助特定投资项目的决策等；（5）制定与绿色投资项目相关的具体量化目标；（6）根据投资

---

① 张庆麟. 国际投资协定中的投资促进措施及其规制 [J]. 政法论丛, 2022 (2): 30-42.
② OECD. Together or Apart: Investment Promotion Agencies' Prioritisation and Monitoring and Evaluation For Sustainable Investment Promotion, 2021.

促进机构工作人员和客户公司提供的数据编制新的问卷①。

（二）促进数字经济领域投资的措施

OECD认为经济中的数字技能水平、监管稳定性和可预测性以及国家和地方监管框架是海外投资数字经济的最重要因素，除此之外，还需要有特别的促进措施。OECD国家的实践采用了一些有效的措施，这些措施包括：（1）推广数字集群、孵化器和中心；（2）有针对性地推广特定的投资者和项目；（3）促进数字创新和研发；（4）定期开展改变营商环境的数字政策倡导活动；（5）展示国家数字灯塔倡议；（6）帮助公司确认具有相关数字技能的员工；（7）支持传统行业公司的数字化转型；（8）数字行业的配对服务；（9）提出创办企业的数字解决方案；（10）财政政策激励；（11）非财政激励措施；（12）更广泛的支持政策②。

（三）利用数字工具促进外商投资的措施

OECD认为新冠疫情危机已成为使用数字工具的催化剂。绝大多数经合组织投资促进机构指出，疫情促使他们在投资促进活动中使用数字工具③。这些措施主要包括：（1）组织网络研讨会和电子会议；（2）建立平台与客户公司进行一对一的广泛接触；（3）开发数字工具为客户公司的远程现场访问提供便利；（4）使用社交媒体宣传活动来促进和吸引外国直接投资；（5）建立专项投资服务系统。通过该系统，一个地方可以通过数字方式查看客户从自动化营销活动到投资项目的整个数字化过程。投资公司与其客户之间的所有沟通，包括投资过程中的任何问题及投资参数，都会在这里进行跟踪。该系统还提醒投资顾问与客户进行"健康检查"，以确保高水平的客户服务；（6）建立商业智能工具，实时显示当前项目和统计数据（例如，项目数量、投资额）；分析和显示实时的宏观经济数据，并随时更新和提供给客户；（7）基于人工智能的数字就业导向平台，预测和推荐学习路径，以确保用户的就业机会，并根据经验、能力和兴趣进行个性化设置④。

---

① OECD. How to Score：Measuring Sustainability in Investment Promotion，2022.
② 根据本研究的分类，（10）项、（11）项、（12）项归为投资激励范围。
③ OECD. OECD survey on investment promotion and digitalisation，2021.
④ OECD. Investment Promotion and the Digital Economy：a Comparative Analysis of Investment Promotion Practices Across the OECD，2021.

三、其他国际组织的投资促进措施

(一) UNCTAD、WAIPA 投资促进措施

UNCTAD 是致力于全球贸易与投资的重要国际机构之一。UNCTAD 除了自身促进投资之外，主要利用世界投资促进机构协会制定典型投资措施。1995 年由 UNCTAD 和其他 50 个投资促进机构创立的世界投资促进机构协会 (World Association of Investment Promotion Agencies，WAIPA)，其主要职能是促进任何国家、国家的政治分区或其他无争议的领土，作为投资目的地或投资来源。2022 年 WAIPA 发布了最新的投资促进机构工具箱 (IPA Toolbox) 分模块列举了可以采取的投资促进措施，供各国投资促进机构制定投资促进政策时参考。模块 A/B/C 将投资促进、投资便利化和售后服务的任务分解为服务、活动和相应的工具，特别强调协同作用和高质量提供差异化机会的方面。模块 E 评估投资促进机构的组织和融资模式如何与其核心任务和目标群体相一致。模块 F 展示了投资促进机构如何发展专业的合作伙伴关系管理，同时考虑到国际合作伙伴在机构网络中的作用。模块 G 的重点主要是监测系统。综合分析各模块的内容，投资促进措施的主要内容包括：第一，通过有效的投资促进措施提高认识并产生兴趣，具体措施主要包括：(1) 在线营销。经验表明，在线营销在近十年特别新冠疫情以来发挥着越来越重要作用；(2) 针对特定目标群体的销售演示；(3) 在当地或者目标地区举办活动与交易会；(4) 开展潜在客户开发活动；(5) 建立中介机构网络；(6) 开展公关活动。第二，提供以需求为导向的便利化服务，确保投资安全快捷。便利化服务过程包括接收、审查、初始反馈、研究与处理、完全反馈、后续行动等。提高便利化服务效率的方式包括建立反应时间标准、发展研究能力和资源联系网络、管理信息数据库、提供个人联系人、使用标准化模板、要求提供有关投资者和/或投资项目的更多信息、使用客户关系管理系统等。第三，将系统的善后服务与宣传和进一步的业务发展服务相结合，主要包括对投资者全景进行深入了解是设计过程的起点；确定和整合战略合作伙伴；应在与利益攸关方协商的基础上确定再投资方案的目标；分割对于善后护理的成功起着至关重要的作用。第四，确定和完善招商引资工作的目标群体。第五，使组织和融资模式与核

心任务和目标群体保持一致。第六，探索与战略合作伙伴合作的机会。第七，设计反映战略目标、核心任务和流程的监测系统①。

（二）MIGA投资促进措施

世界银行集团下的多边投资担保机构（MIGA）认识到投资促进机构在向投资者宣传方面面临的许多挑战，制定了投资促进工具箱。MIGA列举了八个方面的投资促进措施：（1）了解外国直接投资背后的趋势和驱动因素；（2）开发外商投资服务机构；（3）根据地点的优势和劣势制定投资促进战略；（4）与其他组织建立有效的伙伴关系；（5）强化该地点的形象；（6）瞄准并创造投资机会，包括维护一个潜在客户跟踪数据库；（7）为投资者提供服务，包括访问、跟进和善后处理；监测和评估活动和结果；（8）利用信息技术②。

四、主要投资促进措施及其功能

从不同国际组织或机构对外商投资促进措施的阐释来看，外商投资促进的重点措施主要包括三个方面：一是建立多层次的投资促进机构；二是提供全方位的投资服务内容；三是建立外商投资鼓励与引导制度。

（一）外商投资促进机构功能及作用

1. 投资促进机构的主要功能

投资促进机构（IPAs）是旨在吸引和增加投资——通常是外国直接投资（FDI）的国家或国家以下机构。投资促进机构（IPA）是通过连贯的投资政策和促进措施反映投资生命周期③，这些政策和措施可概括为四个关键阶段：吸引；进入和建立；保留和扩张；联系和溢出效应。从世界范围来看，大多数国家IPA是纯粹的公共机构（根据2017年世界银行集团全球IPA调查，约占80%）。长期以来，投资促进机构一直被认为是投资者和政策制定者之间

---

① WAIPA. IPA Toolbox：A practical guide to support Investment Promotion Agencies，2022.
② OECD. Policy Framework for Investment A Review of Good Practices，2006.
③ 投资生命周期主要是指投资者从项目规划到场地勘查、选址的历程；投资进入和设立；操作；扩张、多元化、联动；最后是转型或退出。为成功吸引外国直接投资（FDI）并促进其增长，

的中介机构,拥有第一手的投资者反馈,对影响政策制定非常有用①。

2. 投资促进机构的价值

一方面,IPAs 能够有利于投资者跨境投资。研究表明,IPA 能够为投资者带来良好价值。例如,跨国公司普遍认为 IPA 服务很有价值。超过 60% 的受访投资者认为至少有一项 IPA 服务对其运营"至关重要",近 90% 的投资者认为至少有一项服务"重要"或"至关重要"。外国投资者表明在整个投资生命周期中提供的 IPA 服务对他们的商业决策很重要。大约三分之二或更多的被调查投资者认为每项 IPA 服务(包括投资后服务,如协助运营问题)是"重要的"或"极其重要的"。此外,专注于投资生命周期早期阶段的 IPA 服务对缺乏国内经验的新投资者更为重要。另一方面,IPA 能够增强投资者在东道国投资的兴趣,能够有效促进外商投资。例如,研究结果表明 IPAs 项目在宣传方面的重要性:35% 的受访投资者认为 IPAs 项目为改善各国商业环境所做的努力是"关键性的"②。

3. 地方性投资促进机构的作用越来越重要

从世界范围来看,投资促进领域日益以地方为重点,地方性投资促进机构与国家投资促进机构一起发挥作用日益突出。与此同时,投资者在评估一个国家内特定城市、省或地区的利益方面变得越来越成熟,特别是与国家投资促进机构相比,区域性投资促进机构具有独特的作用和鲜明的特点。由于管辖范围较小,这些机构往往对当地商业环境及其对投资者的价值主张有更深入的了解,并且与更多参与投资者日常运营需求和面临的问题的地方机构有更强的联系③。

(二) 全方位投资促进服务的主要内容

对于投资促进机构应提供何种服务以满足投资者的需求,并没有统一的定论。富有成效的外国投资者努力与东道国经济建立长期、互利且健康的关系。因此,政府及其投资促进机构必须充分了解投资者的需求,并通过提供相关投资服务以及适应投资者不断变化的需求来努力构建互利关系。从设立

---

①② The World Bank. Global Investment Competitiveness Report 2019/2020:Rebuilding Investor Confidence in Times of Uncertainty. 175 – 176.

③ The World Bank. Global Investment Competitiveness Report 2019/2020:Rebuilding Investor Confidence in Times of Uncertainty. 185 – 186.

的目的而言，投资促进机构应确保其服务涵盖战略部门投资者所需的相关服务。但从全球范围来看，根据调查显示，大多数 IPA 一般仅限于吸引外商投资阶段。尽管许多投资促进计划通常包含推广、促进和后续服务，但对投资设立或设立后的服务关注甚少。例如，世界银行 2017 年对投资促进机构的调查也证实，投资促进机构主要关注吸引阶段，而且相当一部分投资促进机构在投资者作出投资决策后就不再予以关注[①]。近年来，国际上推广一种综合投资者服务框架，该框架采用全面的、以投资者为中心且服务导向的方法，根据投资周期的每个阶段（吸引、进入与设立、留存与扩张以及关联与溢出效应）的实际需求，开启关于需要提供哪些服务的论证，旨在改善服务交付，以实现更多、更优质的外国直接投资，并避免传统投资促进机构推广计划中常见的服务交付缺口。根据投资促进机构服务框架实践，投资促进机构将根据投资生命周期的四个阶段（营销、信息、协助和倡导）提供四类服务，即营销、信息、协助和倡导。

1. 营销服务

在投资促进的背景下，营销是指让国际投资者了解特定领域内某经济体所能提供的价值。这意味着投资促进机构要开展一系列营销服务：（1）了解投资者的需求和该地区的竞争优势；（2）制定有吸引力的价值主张；（3）提高投资者对该地区的认知，并积极影响他们对该地区的看法；（4）促使他们采取下一步行动进行投资。开展这类营销服务的具体方式包括：（1）与目标投资者进行一对一的会面。该方式被认为是迄今效果最佳的营销服务。例如，2017 年针对企业高管和选址顾问的一项调查显示，最有效的营销渠道是与企业高管的计划会面[②]。（2）媒体宣传、投资促进机构主办活动以及贸易展览会，例如，开展一些广泛的广告宣传活动。这些活动包括电视广告或印刷广告、大众媒体宣传、行业杂志广告、博客文章或与经过预先筛选的潜在投资者直接沟通等方式开展针对特定行业的广告活动。

2. 信息服务

在投资决策过程的早期阶段，信息起着关键作用。一般而言，企业在决定投资地点时，通常会先列出一长串潜在的投资目的地，然后再去实地考察。

---

① The World Bank. Strengthening Service Delivery of Investment Promotion Agencies. 3.
② The World Bank. Strengthening Service Delivery of Investment Promotion Agencies. 6.

相关、准确且完整的信息能降低投资者的不确定性,并影响他们作出选择,倾向于那些能提供完整信息的地点。如果投资者没有获得某地的相关信息,即便该地对他们的项目而言可能是个不错的选择,他们也会将其排除在外。多项实证研究证实,信息不对称是跨境资本流动的重要制约因素。投资促进机构在为投资者提供最基本的信息相关服务时,在缓解信息不对称方面发挥着至关重要的作用。

投资者所寻求的信息类型因投资动机而异。例如,市场导向型投资者旨在服务其所在国市场,因此他们往往对当地和区域市场的规模以及提供类似产品或服务的竞争对手感兴趣。效率导向型投资者通常关注出口,并试图通过利用特定地点的竞争优势来提高生产成本效益。这些优势可能包括有竞争力的劳动力;可靠且低成本的能源供应;研发、设计和物流服务;以及靠近海上航线。这类投资者会查看例如将该地点的物流表现与竞争经济体进行基准分析的信息。此类投资者还对与区域和全球价值链相关的信息感兴趣。资源导向型投资者建立企业以获取自然资源,如石油、天然气、矿产、肥沃的土地、水和太阳能。对于这些投资者而言,有关特定资源和基础设施的地图信息,以及相关法律和监管程序的明确指导非常重要。能够提供此类详细数据和分析的独立投资顾问将增强其对投资者决策的影响力,并巩固其作为有价值投资伙伴的形象。

另外,技术也改变了人们获取信息的方式,研究表明投资者在决策过程中将投资促进机构的网站作为主要信息来源。在整个投资周期中提供的所有信息服务都对前面所述的营销服务起到补充作用。信息可以通过面对面交流;网站、网络研讨会、演示文稿、应用程序和社交媒体;以及印刷宣传册、促销小册子、常见问题解答单页和白皮书等材料进行传递。

当然,为了提供高质量的信息服务,投资促进机构必须保持所掌握的信息具有可信度、准确性、相关性和全面性。这些信息必须包含行业甚至细分领域的数据,并且在以下方面保持最新:(1)投资的法律和监管制度;(2)开展业务的成本和设立程序;(3)政府以投资者服务以及财政、金融和行政激励等形式提供的支持;(4)可用的物流、公共事业服务和基础设施;(5)可用的劳动力、土地、设施和关键投入品;(6)当地市场、竞争对手、供应商和服务提供商的位置;(7)其他商业信息,尤其是与不同类型的投资相关的信息[①]。

---

① The World Bank. Strengthening Service Delivery of Investment Promotion Agencies. 7 – 8.

3. 援助服务

援助服务是指投资促进机构主动为投资者的探索、设立、运营、留存和扩张提供支持服务。这些基础服务能够消除投资过程中常见的障碍。投资促进机构在投资周期的各个阶段解决各种问题，并经常为投资者和政府官员提供建议，指导双方如何互动以实现互利共赢。对于来自不同文化背景或其本国经济与投资地点相距甚远的投资者而言，这些协助服务尤为重要。援助服务内容包括：（1）为投资者提供联系人，进行介绍并帮助其与政府官员及其他经济利益相关方建立联系，安排实地考察，甚至参与会议。（2）帮助投资者更轻松地了解投资目的地。（3）通过全程负责投资者的行程、与投资者保持密切联系以及在投资生命周期的各个阶段帮助投资者应对政府程序来发挥重要作用。（4）为加快许可证审批等事项，与律师协调、与监管机构沟通，等等。（5）介绍并跟进已有的投资者、当地服务提供商和合作伙伴等。

4. 倡导服务

作为间接服务，倡导服务可以帮助众多投资者以及所在地区实现其投资所需的关键改革。例如，投资促进机构可以倡导改进投资生命周期各阶段的流程（例如签证发放流程），并系统化日常运营（如加快货物清关、消除繁文缛节、减少公用事业连接的延误，或支持特定行业的改革）。它们可以与投资者和私营部门代表合作，识别并解决限制外国直接投资的挑战，从而强化投资生态系统。投资促进中的倡导工作包括：（1）了解投资者面临的问题；（2）为投资者发声；（3）影响利益相关方改善投资环境，使投资者能够更高效、更顺畅地运营。尽管倡导工作可能较为复杂，但最终会形成一个有条理、有步骤的计划，以影响决策者解决投资者面临的难题。投资者认为倡导工作是投资促进机构所能提供的最重要服务。有学者甚至认为，投资环境越差，投资促进机构的倡导职能就越重要。

调查表明，这些投资促进服务中，使用频率最高的包括：形象塑造、参与商务活动以及一对一的拓展；制作投资指南和监管路线图等信息材料；回应并跟进投资者的咨询；协助首次实地考察；提供监管及其他程序方面的指导，包括项目管理；监测投资状况；以及将投资者的投诉转交相关主管部门。大多数提供的服务包括制作反映市场情报的行业特定宣传册和简介；在后续实地考察期间提供支持；开展外联工作以收集有关投诉的信息；以及提供诸如识别限制外国直接投资的挑战、提交投资政策建议并跟进等倡导服务。提供普及率较低的服务,例如在重点行业媒体上做广告;通过参加与投资相关的贸易展会以及与中介机构合作来推广重点行业;提供信息更新和项目机会简介;协助投资者参与网络和配对活动,以及组织此类活动;以及对重点行业的投资环境进行标准化分析和报告①。

(三) 投资鼓励与引导制度

一国及一国内的不同地区往往是根据本国或本区域经济发展的需要采取吸引外资的政策。对外商进行适当的鼓励与引导,是吸引外商投向本国或本地区重点发展的行业或产业,提高外资利用效率,实现本国或本地区经济发展的重要措施。国家一般会重视对外商投资的鼓励与引导。例如,蒙古国统一适用于国内外投资者的《蒙古国投资法》,单设一章规定投资鼓励措施②。外商投资鼓励与引导具体包括哪些措施,并没有统一的范围。实践中,外商投资鼓励与引导往往是基于特定目标,所采取的一系列措施的综合使用,除了国家和地方政府经常使用的鼓励外商投资目录或者指南之外,还可能包括市场准入、特定领域的便利化、投资服务与投资激励等投资促进措施的混合。例如,蒙古国《蒙古国投资法》鼓励投资的制度主要体现在:(1) 设定鼓励外商准入的领域,包括房地产、保险、医疗、矿业等;(2) 税收鼓励,包括减税、免税、弥补亏损等;(3) 土地优惠鼓励使用制度,设立不同类型土地鼓励开发优惠制度;(4) 投资特殊经济区的鼓励制度;另外还包括外商签证、居住等方面的便利化③。我国外商投资鼓励与引导制度,主要包括两个方面:一是中央和地方制定鼓励外商投资目录。二是制定特殊领域的外商投资鼓励措施。这些措施一般是各类投资措施的融合。例如,商务部、科技部 2023 年 1 月出台的《关于进一步鼓励外商投资设立研发中心的若干措施》规定的鼓励与引导措施主要包括:(1) 提供指导和服务;(2) 基础设施使用支持;(3) 提供金融支持;(4) 科研管理、技术转让管理的便利化;(5) 海外人才工作便利及奖励资助;(6) 保护知识产权等④。

---

① The World Bank. Strengthening Service Delivery of Investment Promotion Agencies. 9.
② 道. 彬巴道尔吉. 蒙古国外商投资鼓励与保护制度研究 [D]. 北京:北京交通大学,2022:4.
③ 道. 彬巴道尔吉. 蒙古国外商投资鼓励与保护制度研究 [D]. 北京:北京交通大学,2022:14 – 19.
④ 《国务院办公厅转发商务部科技部关于进一步鼓励外商投资设立研发中心的若干措施的通知》(国办函〔2023〕7 号). https://www.gov.cn/zhengce/zhengceku/2023 – 01/18/content_5737692. htm.

第二节 其他国家典型投资促进措施框架与机制

当前,吸引外国投资不仅是发展中国家促进本国发展的政策选择,也是发达国家的政策选择。许多国家为吸引外商投资制定适合自身发展的外商投资促进策略,并取得相应的成果。本节选取近年来吸引外资较多的印度、越南、巴西、印度尼西亚等国家介绍其投资促进措施框架与机制。

一、印度外商投资促进机制

外国直接投资为印度实现每年8%的增长目标作出重大贡献,这也有助于印度加强参与全球价值链,并从中进一步获益。然而,这些好处并非自然而然就能实现,需要采取有针对性的措施来吸引、留住外国直接投资,并最大限度地发挥其效益。

(一)印度投资促进机构的成立

在2009年之前,印度没有一个专门负责促进和推动外国直接投资的全国性机构,投资促进职能由多个国家级政府机构和商业协会共同承担,但这些机构的核心职责并非投资促进。当时有一种看法认为,投资机会正在流失。虽然一些邦级投资促进机构确实存在,但它们并未朝着一个共同的全国性目标努力。2009年,印度投资局成立,它是印度商务部和工业部前工业政策与促进司(DIPP)、印度工商联合会(FICCI)以及印度各邦政府的公私合营企业的联合机构。然而,直到2015年,印度投资局才获得授权,得以加大投资促进力度,拥有足够的资源和影响力,在外国直接投资市场全面活跃起来。该机构遵循国际良好实践,未被赋予任何监管职能。该机构还获得了印度促进工业与内部贸易部(现更名为促进工业和内贸部)的充足资金支持,并设有运作良好的董事会,其中超过半数成员来自私营部门。该机构目前拥有足够的专职员工,高度专注于履行其促进投资的职责。印度投资促进局后来的实践表明，其投资促进措施的运用取得了显著效果①。

（二）投资促进成功的关键因素

印度投资促进成功的关键因素可以概括为九个方面。

1. 建立高层政府支持

印度首次明确表示要吸引外国直接投资是在 2008 年。该年在第十一届五年计划（2007—2012 年）框架下推出了《投资促进计划》（SIP）。该计划由印度工业和内部贸易促进局（DPIIT）负责实施，旨在促进外国对印度的投资。然而，与许多国家的情况一样，印度政府当时有多个机构在争夺关注，印度投资局只是其中之一，从一开始在政府内部就缺乏足够的重视。这使得印度难以向投资者展示其坚定的决心，因此也难以获得投资者的青睐。之后，印度对该体制进行改革，任命了一位具有私营部门经验的新首席执行官，并立即给予其与高级政府官员直接沟通的权限。这种支持实际上是促使该机构有能力应对其他挑战的催化剂。

2. 以竞争性领域为重点的外商投资促进战略

印度投资局采纳了世界银行集团于 2015 年提供的包含围绕 9 个关键成功因素的战略和制度性指导方针的概念说明。这使得该机构能够在其活动以及与其他机构的关系方面做到高度针对性。这也促使印度投资局与其他机构签署了一系列谅解备忘录，例如各部委（如食品加工工业部）、大使馆（如印度驻韩国大使馆）以及地方政府（如阿萨姆邦政府）等。印度投资局目前采用双管齐下的方法（"自上而下"和"自下而上"）来确定具有竞争力的行业。它采用的参数包括考察印度投资局近期在外国直接投资项目、就业和咨询方面的成功案例；以及印度在原材料供应、技能人才和现有产业集群方面的竞争优势。对于电子、制药和食品加工等被认为具有高潜力的行业，印度投资局已组建了规模更大的团队，与印度政府的相关部门/部委密切合作。这使他们能够为这些行业的商业环境倡导特定的政策变革。

3. 明确无争议的授权

高层政府支持的不断巩固确保了印度投资局被正式授权领导国家的投

---

① Joe Phillips, Armando Heilbron and Priyanka Kher. Lessons in Investment Promotion The Case of Invest India. 4.

资促进工作,成为外国投资者的单一联络点,不仅在法律上获得了投资促进的授权,而且在实际操作层面也明确了其角色。此外,未赋予印度投资局任何监管职能,这也符合国际良好实践,从而进一步强化了其授权的力度。

4. 高度的机构和财务自主权

在政府的支持和充足的资金保障下,印度投资局实现了半自治。政府确保了必要的灵活性和快速响应能力,以满足投资者的需求,并成功吸引到更多、更优质的投资。例如,印度投资局为满足投资者关系管理的需求,自主开发了一套投资者关系管理系统(IRMS),用于在项目从潜在机会到投入运营及之后的整个生命周期中,与投资者建立关系并跟踪其项目进展;也可以在线评估各州投资促进行动计划是否能够迅速发展。

5. 对印度投资促进局的稳健治理

2014年至2017年,董事会成员构成未变,但其参与度较以往更高,因为此时的印度投资促进局规模更大,更有能力履行其职责。2017年起,随着印度投资促进局实力进一步增强,董事会进行了重组,成员人数扩充至15人。新增成员均为知名度较高的人士,自任命以来一直积极参与其中。董事会仍保持公私成员各半的结构,但公有成员来自更广泛的政府机构。如今,董事会在政策倡导、制订机构行动计划(包括设定目标)以及指导与外部利益相关方的联系方面发挥着明确的作用。

6. 具有丰富私营部门经验的管理和关键推广人员

印度投资局的职能自主性使其能够灵活地从私营部门招聘人员。因此,它任命了一支由企业界人士领导的团队,在组织的各个层级和职能中招募了来自主要管理咨询公司的高素质管理人员和员工。起初,重点是投资者协助方面的人员,随后扩展到投资促进局的营销和信息类别。通过这些技能娴熟的员工,印度投资局很快成为其同行投资促进机构中更具竞争力的参与者。目前,投资局已建立起明确的推广架构,以特定国家、邦和行业为服务对象的团队为核心,在投资生命周期的各个阶段协同工作。

7. 充足的持续资金支持

印度投资局得到了印度工业和内部贸易促进局(DPIIT)及其他资助方的充足资金和机构支持。这使印度投资局能够为私营部门受益者以及国家和地方各级的公共部门提供服务,并持续提升其公信力。自该机构成立以来,投资促进的年度支出有了显著增长，使印度投资局能够招募到一批关键的熟练员工，还使印度投资局能够拥有一个像样的总部办公室，用于迎接潜在投资者。

8. 突出以投资者为中心的服务导向

这是印度投资局取得显著进展的一个方面，主要得益于年轻且具有咨询经验的员工在回应投资者方面表现得非常专业。如今，印度投资局在世界银行集团的营商环境指标体系（CISF）中的"吸引"和"进入与设立"阶段表现尤为出色。该机构起初仅专注于"吸引"阶段的协助服务，但随着资源的增加和政府的支持，印度投资局得以在所有阶段拓展活动范围。例如，该机构在直销方面也十分活跃，包括在一系列目标平台上开展推广活动。另外，印度投资局在对待新潜在投资者时提供贵宾式服务。尤其是在初次实地考察期间，从机场迎接投资者，到为投资者在考察期间安排，既注重投资机会又能让其享受目的地风光的活动计划，这是给投资者留下深刻印象的绝佳机会。然而，许多投资促进机构却未能始终如一地提供这种级别的服务。

9. 强大的中央与地方合作框架

印度投资局很早就认识到与各邦投资促进机构（IPAs）合作的重要性。为更好地了解各邦在吸引新投资方面的竞争力情况，印度投资局做了诸多努力。印度投资促进局（DPIIT）寻求提升全国各投资促进机构的能力。2017年，基于标准化方法对各机构的能力进行了评估。印度投资局与各邦投资促进机构在吸引投资方面也开展了更富有成效的合作。如今，印度投资局为各邦提供了更多的直接援助，不仅在应对投资项目的反应方面进行联合支持，还在战略活动方面提供帮助。例如，阿萨姆邦新成立了"投资阿萨姆基金会"这一投资促进机构，印度投资局参与其董事会，并在组织架构、目标设定、预算编制等方面提供咨询建议①。

综上，印度投资促进机构和投资促进措施在吸引那些能带来最大经济影响的投资方面发挥了重要作用，其作用并非仅仅在于吸引尽可能多的项目，而是注重质量和价值。这一点已得到全球各行业投资者的明确认可。

---

① Joe Phillips, Armando Heilbron and Priyanka Kher. Lessons in Investment Promotion The Case of Invest India. 8.

二、越南外商投资促进机制

（一）越南投资促进机构

越南投资促进机构包括国家级投资促进机构和地方投资促进机构。

1. 国家级投资促进机构

越南是由计划与投资部（MPI）监管的国家级行政机构外国投资局（FIA）负责全国投资促进和便利化工作。该局于2017年12月22日根据MPI第1895/QD－BKHDT号决定成立，下设5个部门和3个投资促进中心以及若干国家的投资促进代表处。这5个部门分别是投资促进部、外国投资部、对外投资部、统计与综合信息部以及局办公室。外国投资局的主要职责包括：（1）成为促进内外投资的协调中心；（2）就与外国投资相关的问题提出解决方案；（3）主持制定和实施外国投资政策；（4）就引进外资和对外投资的法律、政策、机制实施过程中遇到的障碍提出解决方案；（5）主持或协调相关机构对国内外投资法规的执行情况进行监督、检查和审查；（6）主持或与相关机构协调，为内外资投资提供程序和指导；（7）受理对外投资项目申请，参与对外投资项目的考察，主持申请流程并监督对外投资项目，项目获批后向部长提交申请以颁发投资许可证；（8）作为投资促进活动的协调机构，负责对投资促进活动进行国家层面的管理；与相关单位协调，制定内外资引进的战略、规划、政策和方向；（9）综合、评估并协调投资促进活动。此外，外国投资局还负责管理国家外国投资信息系统的网络门户，发布和更新投资登记证书的办理程序；发布和更新适用于外国投资者的立法文件、政策和投资条件；以及更新有关越南投资促进和外国投资的信息。

2. 地方投资促进机构

越南外国投资局在地区和省级层面均设有投资促进中心。在地区层面，越南外国投资局在越南北部（IPCN）、中部（IPC）和南部（IPCS）设立了三个投资促进中心。在省级层面，越南许多城市都有自己的投资促进机构，比如河内、胡志明市、海防、芹苴等。在一些省份，投资促进机构隶属于计划与投资部（DPI），而在其他省份则隶属于省人民委员会。

（二）外商投资促进策略与措施

越南针对国内外投资者的投资促进策略可从第 31 号法令中得出，该法令规定如下：（1）在规定的时间内，根据国内、国际、地区和地方的具体情况，以有效的方式安排投资促进活动；（2）以务实的方式平衡投资促进活动的内容、时间、持续时长、日程安排和代表团构成以及资金投入；（3）根据全国总体规划和投资发展计划，制定每个时期吸引外国直接投资资金的项目清单。此外，2019 年 10 月，政治局发布了关于"到 2030 年提高吸引和利用外资的质量和效益的指导方针"的决议（第 50/2019 号决议），为未来十年的外资工作提供了战略方向。实际上，外国投资局作为协调中心，协助计划与投资部管理越南的外资活动以及对外投资；与计划与投资部的其他单位以及各部委、行业和地方当局协调，起草战略和计划，并根据需要对外国投资项目进行调整①。

三、巴西投资促进机制

（一）巴西投资促进主要机构

巴西设有负责所有经济部门投资促进工作的国家级集中投资促进机构。此外，还有地方或区域发展机构，它们通常也针对各自所在地区开展投资促进工作。

1. 国家级别的投资促进机构及其职能

巴西贸易与投资促进局（巴西出口与投资促进局）（Apex – Brazil）负责在海外推广巴西的产品和服务，并吸引外国投资进入巴西经济的战略部门。该机构成立于 2003 年，是隶属于巴西外交部的独立政府机构。Apex – Brazil 由三个委员会组成：一是由外交部长、农业、畜牧业和食品供应部长（MAPA）、经济部长、投资伙伴关系计划执行秘书（PPI）、巴西外贸协会（AEB）以及巴西外贸委员会执行秘书共同参与的管理委员会；二是由董事组成的商业委员会；三是由总统参与组成的执行委员会。巴西投资促进局（Apex – Brazil）不承担任何监管职能，例如审批外国直接投资。其主要职能是提升巴西企业的竞争力，推动其业务国际化，并为投资者提供投资便利服务。作为其便利服务的一部分，巴西投资促进局会准备涵盖行业部门和市场、经济趋势、法律和税务事项的一般

---

① World Bank Group. 2022 Investment Policy and Regulatory Review：Vietnam. 11 – 12.

性指导方针的分析报告，并提供市场和行业情报信息，包括投入成本、适宜的地点和人才储备情况。巴西投资促进局还充当潜在投资者、关键供应商以及监管和地方当局之间的联络人，以促进和便利在巴西的投资。此外，1995 年成立的巴西外贸投资委员会（CAMEX）、2016 年巴西外贸委员会（CAMEX）成立了国家投资委员会（Coninv）也负责制定外商直接投资的公共政策、指导方针和行动建议。

2. 地方层次的投资促进机构

巴西联邦内的一些州和地区设立了投资促进机构或部门，以协助有意在其州或地区投资的投资者。例如，圣保罗州成立了"投资圣保罗"投资促进机构。这是一个与财政和规划部有关联的社会组织，并与经济发展部签订了管理合同。该机构的使命是通过促进投资、增加出口、鼓励创新和改善商业环境来发展圣保罗州。为此，它为有意在圣保罗州设立或扩大业务的公司提供服务。它免费提供战略信息，帮助投资者找到其业务成功发展的最佳地点。国家级机构通常与地方投资促进机构进行协调。

（二）外商投资促进策略与措施

巴西目前没有公开的全国统一的外国直接投资促进战略和具体的投资措施范围。不同的机构和商会负责促进巴西在国际市场的份额扩大和竞争力提升，以及吸引外国投资（包括对技术、基础设施、服务以及贫困地区的经济发展的投资）。各行业和负责机构的战略方向各不相同。

2017 年，根据 2017 年第 9244 号法令，设立了国家投资与影响力企业战略（ENIMPACTO）。该战略旨在促进经济发展，解决复杂的社会和环境问题，并为民众提供更优质的公共服务。其投资与影响力企业委员会由经济部、总统府民事办公室、外交部、财政部、社会发展部、科学、技术、创新与通信部以及巴西证券交易委员会（CVM）、巴西国家经济社会发展银行（BNDES）等组成。

2020 年 8 月 17 日，经济部发布了 2020—2022 年国家投资计划（PNI），旨在推动新冠疫情后的经济复苏。该计划分为三大支柱：（1）透明度与治理。这一支柱侧重于改善与外国直接投资以及巴西对外投资相关的公共政策、指导方针和行动的协调与执行。（2）投资便利化。这一支柱旨在加强联邦政府各项政策和举措之间的协调，以营造更具吸引力的投资环境，提高透明度和可预测性。（3）监管改进。这一支柱旨在引导联邦政府根据外贸委员会执行管理委员会（GECEX）第 45/2020 号决议确立的透明度和法律确定性原则，制定改善投资环境的监管议程①。

四、印度尼西亚投资促进机制

（一）印度尼西亚投资促进主要机构

印度尼西亚设有国家级和地方级（地区级和省级）的投资促进机构，负责所有经济部门的投资促进工作。

1. 国家级机构

投资部/投资协调委员会（以下简称"投资协调局"或"BKPM"）是印度尼西亚负责投资促进的主要机构。2021年5月之前，BKPM是一个独立的政府机构，直接向印度尼西亚共和国总统汇报工作。2021年5月，根据2021年第31号总统令，政府将BKPM的行政级别提升为一个完整的政府部，即投资部，旨在促进投资并改善该国的营商环境。印度尼西亚投资协调委员会（BKPM）是企业与政府之间的主要联系纽带，负责营造有利于投资的环境。其承担着监管职能，包括但不限于发布与外国投资相关的法规。具体职责包括：（1）分析并提出国家投资规划；（2）协调落实国家投资领域的相关政策分析并提出投资服务政策；（3）确定投资服务实施的规范、标准和程序；（4）通过增强企业的实力来开发该地区的机遇和潜在投资；（5）在印度尼西亚绘制投资地图；（6）协调促销活动和投资合作。通过促进伙伴关系、提高竞争力、营造良性竞争环境以及广泛传播投资活动信息等方式，培育投资领域，促进投资发展；（7）促进投资项目的落实，协助解决各类障碍，并为投资者在开展投资活动时所面临的问题提供咨询；（8）协调并实施一站式服务；（9）协调在印度尼西亚境外投资的国内投资者；（10）提供许可服务和投资设施。同时，印度尼西亚投资协调委员会（BKPM）设立官方性质的印度尼西亚投资促进中心（IIPC）和在其他国家的BKPM代表。在其他国家的BKPM代表主要从事以下投资促进活动：（1）开展投资营销活动并提供投资信息；（2）与印度尼西亚代表、各驻在地及工作区域的相关机构以及印度尼西亚的政府机构和商业实体协调并同步投资营销计划；（3）为新投资者或现有投资者解决投资问题提供便利，并鼓励

---

① World Bank Group. 2022 Investment Policy and Regulatory Review: Brazil. 11–13.

已从印度尼西亚投资协调委员会（BKPM）获得许可的原籍地和工作区域实现投资；（4）监测在各自居住地和工作区域的投资兴趣和政策；（5）执行 BKPM 及印度尼西亚驻当地代表负责人交办的其他任务。

2. 地方级投资促进机构

印度尼西亚政府根据 2007 年第 25 号法律第 30 条授权省级和地方各级政府在其职权范围内开展资本投资活动。大多数省级和县级地方政府通常都有自己的地方投资机构。这些机构的名称可能因地方政府而异，但通常被称为"投资和一站式综合服务局"（Dinas Penanaman Modal dan Pelayanan Terpadu Satu Pintu）。尽管 2018 年成立的"一站式服务中心"（OSS）已将许可流程集中化和一体化，但各地区政府仍通过该中心监督企业行为，确保其履行承诺，并对违规行为实施制裁。

（二）外商投资促进策略与主要措施

印度尼西亚政府没有专门的外国投资促进战略，但其投资战略和重点经济领域可以从该国 20 年的《国家长期发规划》（Rencana Pembangunan Jangka Panjang Nasional 或 RPJPN）（2005—2025 年）中推断出来。该规划通过 2007 年第 17 号法律得以实施，其内容可在国家发展规划部/国家发展规划署的官方网站上查阅。该规划分为四个阶段实施，每个阶段都有一个五年计划，称为《国家中期发展规划》（Rencana Pembangunan Jangka Menengah Nasional 或 RPJMN）。当前的五年计划于 2015 年 1 月启动，即 2015—2019 年的第三个 RPJMN，包含了佐科·维多总统领导下的"九项优先计划"发展议程[①]。

第三节　自贸区外商投资促进措施规则及不足

一、国家层面的外商投资促进措施法律制度与机制

（一）国家层面的外商投资促进措施法律制度

国家层面的外商投资促进措施法律制度，主要规定在《中华人民共和国

---

① World Bank Group. 2022 Investment Policy and Regulatory Review: Indonesia. 12 – 14.

外商投资法》和《中华人民共和国外商投资法实施条例》之中。《外商投资法》规定了建立外商投资服务体系、建立经济特区或实施实验性政策措施促进投资、鼓励和引导外国投资、加强国际合作等内容。《外商投资法实施条例》进一步细化了以上内容。自贸区制度创新主要围绕投资服务、鼓励引导投资、国际合作展开。基于此，本节主要讨论以下三种情况。

1. 建立外商投资服务体系

法律、行政法规要求各级政府按照政府主导、多方参与原则，建立健全外商投资服务体系。主要内容包括：（1）建立政府网站、全国一体化在线政务服务平台；（2）提供、宣传、解读有关外商投资的法律、法规、规章、规范性文件、政策措施和投资项目信息；（3）提供咨询、指导等服务。

2. 鼓励引导外商投资

国家层次的法律、行政法规主要强调了制定鼓励外商投资产业目录，并详细规定了目录的主要内容，目录制定的主体、批准及发布的程序等。至今，国家发改委与商务部已联合制定了 2019 版、2020 版、2022 版、2023 版及 2024 版《鼓励外商投资产业目录》，内容包括全国鼓励外商投资产业目录及中西部地区外商投资产业目录等。

3. 国际合作

《外商投资法》要求国家与其他国家和地区、国际组织建立多边、双边投资促进合作机制，但《外商投资法实施条例》没有关涉建立多边、双边投资促进合作机制问题。

（二）国家层面的外商投资促进机制

1. 国家层面的投资促进机构

我国国家层面的投资促进机构已形成体系，主要包括：商务部投资促进事务局及其分支机构中国国际投资贸易洽谈会办公室、驻外机构及国内下属企业。工作职责主要包括实施双边投资促进工作、参与拟定并具体执行吸收外资和对外投资促进战略、规划及指导性意见等。

2. 工作网络和机制

国家层面的投资促进机构依托与国内外各类机构等广泛的合作网络，交流与合作平台，提供投融资对接服务。在国外网络和机制方面，已建成中国与美国芝加哥贸易投资联合工作组、中国—中东欧国家投资促进机构联系机制等多双边机制，与 54 个国家和地区的 94 家投资促进机构建立战略合作伙伴关系。在境内网络方面，与境内地方投资促进机构及自贸区等建立紧密联系，并成立 16 个产业投资促进委员会①。

（三）近年来关于投资促进措施的新要求

2024 年 2 月国务院办公厅印发的《扎实推进高水平对外开放更大力度吸引和利用外资行动方案》（以下简称《方案》）中细化了投资措施内容，并强调了海外推销投资促进措施的作用。主要内容包括：（1）扩大鼓励外商投资的产业领域。《方案》规定，全国鼓励外商加大对先进制造、高新技术、节能环保等领域，积极支持集成电路、生物医药、高端装备等领域外资项目投资；中西部地区加大对基础制造、适用技术、民生消费等领域的支持力度。（2）鼓励投资中西部和东北地区。《方案》规定，鼓励中西部和东北地区与东部地区结对开展外商投资产业转移合作，建立健全项目推介、干部交流、收益共享的机制和实施细则。（3）在投资服务中强调对"投资中国"的推介。《方案》要求，依托重要展会平台，开展"投资中国"重点投资促进活动，向境外投资者全方位展现我国优质营商环境和投资机遇；建立健全工作机制，发挥驻外使领馆经商机构作用，支持地方"走出去""请进来"相结合，常态化开展招商引资工作；组织国际产业投资合作对接活动，促进更多项目洽谈签约。（4）强调了协同服务。《方案》规定，用好外资企业圆桌会议等平台，深化与外商投资企业、外国商会协会、国际组织的常态化交流，及时回应各方关切，针对性做好服务保障；落实外商投资信息报告制度，持续推进部门数据共享②。

二、区域层面的外商投资促进措施法律制度

由于上海、广东及北京既是我国经济及开放水平最高的地区，也是自贸区或自贸区的一部分，其立法权限范围更大，制定的与外商投资有关的地方

---

① 商务部投资促进事务局职能，http：//www.cipainvest.org.cn/article/guanywm/201412/20141200838506.shtml. 2023 年 3 月 25 日访问。

② 《扎实推进高水平对外开放更大力度吸引和利用外资行动方案》（国办发〔2024〕9 号）。

性法律规范往往更具有制度创新性。因此，本部分主要结合《上海市外商投资条例》（2020）、《深圳经济特区外商投资条例》（2022）、《北京市外商投资条例》（2024）探讨区域层面的外商投资促进措施法律制度。

（一）上海自贸区投资促进措施制度

《上海市外商投资条例》（以下简称《条例》）突出外商投资服务的精细化和国际化，主要内容如下。

1. 细化建立健全投资促进服务体系建设的主要内容

（1）明确多元主体和服务总体要求。《条例》除规定政府主导，还明确外商投资促进服务体系建设中专业机构、商会、协会和企业等的共同参与，并从原则上要求提供全方位、精准化的投资促进服务。（2）外商投资促进服务平台建设。内容主要包括：建立统一的外商投资促进服务平台；提供线上线下联动提供法律、法规、政策及相关投资项目等信息、项目配对、投资对接等服务；拓展多语种信息服务等。（3）构建投资推介体系。内容主要包括：要求各级政府开展多种形式的投资促进活动；宣传投资环境，开展投资促进活动，接受业务咨询。

2. 分重点鼓励引导外商投资

（1）编制外商投资指南、外商投资环境白皮书等指引，以中英文等语种公布；（2）鼓励和引导重点领域内投资；（3）打造高水平总部经济平台，鼓励设立亚太总部、全球总部；（4）鼓励设立外资研发中心、开放式创新平台，推动中小企业、创新团队与跨国公司对接，提升创新水平等。

3. 强化国际合作

（1）支持各类投资促进机构在境内外开展投资促进活动，推动投资促进与会展、文化等大型国际活动联动；（2）对在境外开展的外商投资促进活动进行统筹、指导和服务；（3）加强与境外城市、地区在投资经贸领域的交流和合作；（4）与境外国家投资促进机构建立投资促进合作关系，推动完善海外投资促进网络等。

（二）深圳经济特区外商投资促进措施

《深圳经济特区外商投资条例》主要侧重外商投资服务与鼓励引导方面，主要包括以下几点。

1. 完善外商投资服务体系

（1）强调重大外资项目服务制度，完善跟踪机制，建立重大外资项目办理绿色通道；（2）加强涉外商务人才培养与培训，提高外商投资促进人员业务水平；（3）建立健全与外商投资企业的政企沟通机制，建立定期协商、热线服务及重大项目和重点企业全流程服务机制。

2. 外商投资鼓励与引导制度

（1）鼓励和引导外国投资者在重点发展领域进行投资；（2）鼓励设立投资性公司；（3）鼓励围绕重点产业领域建设外商投资企业集聚园区；（4）鼓励开展技术合作；（5）鼓励设立研发创新中心、外资研发总部、开放式创新平台等。

（三）广东自贸区外商投资促进措施

《广东外商投资权益保护条例》规定的外商投资促进措施，主要强调了对科技产业等高端产业的投资促进。主要内容包括：（1）鼓励建立高水平科研机构。政府科技等有关部门支持外商投资企业加强自主研发，建设高水平研发机构；鼓励外商投资企业与其他企业、科研机构、高等学校建立联合研发机构，开展研发合作。（2）平等参与和利用科学研究公共平台与设施。外商投资企业平等参与研发公共服务平台建设、政府科技计划项目等申报，并享受配套政策扶持。大型科研仪器设施、重大科技基础设施按照国家规定面向外国投资者、外商投资企业开放共享。（3）高端人才与紧缺人才出入境、停居留优惠措施。经认定的在粤港澳大湾区内的境外高端人才和紧缺人才按照规定享受出入境、停居留等优惠措施。（4）对新科技、新产业等外商投资实行包容审慎监管。各级人民政府及其有关部门应当鼓励创新，对涉及新技术、新产业、新业态、新模式的外商投资实行包容审慎监管，并区分不同情况制定相应的监管规则和标准。

（四）北京自贸区外商投资促进措施

《北京市外商投资条例》既强调了投资促进机制、投资服务机制的建设，也强调了投资服务的提供和对特定领域的投资鼓励，主要内容如下。

1. 建立多元化投资促进机制

（1）建立多元化国内投资促进机制。《北京市外商投资条例》第10条规定，本市构建市级统筹、区为主体、市区联动、多方参与的投资促进机制。市投资促进服务机构应当统筹外商投资招商引资工作，编制招商引资中长期规划，加强招商引资与中国国际服务贸易交易会、中关村论坛、北京文化论坛、金融街论坛等会展平台和国际经贸、文化、科技、体育等交流联动，创新招商引资模式，推动政府部门、引资机构、商会、协会、企业等多方参与外商投资促进。（2）建立国内外投资促进合作机制。《北京市外商投资条例》第11条规定，加强与我国驻外经贸和投资促进服务机构的合作，在相关国家或者地区建立健全投资促进合作机制，建设多种形式的投资促进平台。市投资促进服务机构应当统筹本市在境外设立的贸易投资网络、产业园区，以及市属国有企业境外机构等资源，加强与外国企业、中资企业境外机构、海外华侨华人社团等的交流对接，加大境外招商引资力度，拓展招商引资渠道。

2. 建立完善的外商投资服务体系

（1）依据政府主导、多方参与的原则构建外商投资服务体系。《北京市外商投资条例》第11条规定，按照政府主导、多方参与的原则，建立健全外商投资服务体系，通过规划引领、购买服务、政策激励等方式引导专业机构、商会、协会、企业等主体参与外商投资服务工作。（2）鼓励设立社会参与的外商投资服务机构。《北京市外商投资条例》第36条第2款规定，本市鼓励设立外商投资服务机构，为外国投资者、外商投资企业提供投资环境评估、产业链配套等市场化专业服务。（3）重点项目外商投资服务机制。《北京市外商投资条例》第33条规定，市、区发展改革、商务、投资促进服务等部门和机构应当建立健全重点外商投资项目服务机制，为项目洽谈、签约、注册、运营等提供全流程服务，协调解决项目推进中的问题，可以采取"服务包""服务管家"等方式，为外商投资企业运营提供针对性服务保障。（4）建立外商投资企业政企沟通机制。《北京市外商投资条例》第25条规定，市、区人民政府及其有关部门应当通过定期召开座谈会、政策咨询会等方式，听取外商投资企业、商会、协会的意见，协调解决问题，完善政策措施。市、区商务部门对跨部门、跨区域诉求应当加强统筹协调，有关部门按照各自职责推进解决并将处理结果向市、区商务部门反馈。具体办法由市商务部门会同有关部门制定。外国投资者、外商投资企业可以通过12345企业服务热线、外商投资企业诉求采集系统等渠道，反映相关诉求和意见建议，有关部门应当及时研究处理。（5）数据信息提供与管理便利化服务。《北京市外商投条例》第 33 条第 1 款规定了数据信息提供便利化服务，该款规定，本市依法促进外商投资企业研发、生产、销售等数据跨境安全有序流动。第 2 款规定了数据管理便利化服务，要求网信部门应当按照国家有关规定为符合条件的外商投资企业高效开展重要数据和个人信息出境安全评估提供便利。支持外商投资企业与总部数据流动。探索形成可自由流动的一般数据清单。试验区内数据处理者向境外提供数据清单外数据，可以免予申报数据出境安全评估、订立个人信息出境标准合同、通过个人信息保护认证，市网信部门应当完善数据跨境服务中心建设，为外商投资企业数据跨境流动提供合规服务。（6）建立外商投资争端解决服务机制。《北京市外商投资条例》第 22 条规定，建立调解、仲裁、行政裁决、行政复议、诉讼等有机衔接、相互协调的多元化纠纷解决机制。第 23 条规定，支持商事调解组织开展涉外商事调解，推进国际商事仲裁中心建设，鼓励境外仲裁机构设立业务机构，开展国际商事、投资等领域仲裁业务。

3. 重点领域外商投资鼓励与引导制度

（1）鼓励战略性新兴产业、先进制造业和现代服务业等领域投资，特别是外国投资者、外商投资企业参与贯彻实施碳达峰碳中和战略相关活动，推进绿色低碳发展。符合条件的项目，按照有关规定给予奖励。（2）鼓励高科技产业投资。《北京市外商投资条例》第 15 条第 2 款规定，鼓励外国投资者、外商投资企业与高等院校、科研机构、其他企业基于自愿原则和商业规则开展技术合作；支持外国投资者、外商投资企业在本市设立外资研发中心，参与公共服务平台建设和政府科技计划项目，共享利用财政性资金建设或者购置的重大科研基础设施和大型科学仪器设备。（3）鼓励外商投资设立投资性机构。《北京市外商投资条例》第 16 条规定，鼓励符合条件的外国投资者设立投资性公司；投资性公司在本市投资设立的企业，按照国家有关规定享受外商投资企业待遇。

三、自贸区外商投资促进措施制度的不足

参照当前投资促进措施的国际规则、国际指导性措施，我国自贸区投资促进措施法律保障机制存在诸多不足。

（一）投资促进整体机制方面存在的不足

1. 整体机制不协调

我国投资促进机构建立的基本模式是政府主导，多方参与。这就说明我国投资促进和服务机构具有多主体性质，投资促进主体之间，以及投资促进主体与其他主体之间的协调对开展有效的投资促进非常重要。根据世界银行的调查，机构间的协调和伙伴关系对于有效地为投资者提供服务至关重要。相关调查显示，77%的受访国家的机构与其地方机构保持密切或定期联系。几乎所有投资机构都使用与其他实体的协调机制，例如谅解备忘录或定期机构间会议[①]。我国投资促进整体机制不协调，主要表现在：（1）不同层级政府投资促进机构的职责范围不明确；（2）政府投资促进机构与民间投资促进服务机构之间功能不明确；（3）投资促进机构与其他政府部门之间的协调机制未完全建立；（4）投资促进服务机构与外商投资者之间的互动机制不完善。

2. 投资促进机构职权范围广且资源不足

我国自贸区存在各个层级的投资促进机构，并非专门为促进外商投资而设立，而是承担了太多的任务，涵盖范围广泛的职能。这些机构除了承担外商投资促进任务之外，还需要支持和促进国内直接投资，有时还需要管理各类公私伙伴关系。以河南省投资促进中心为例，其职责包括：（1）为河南省对外开放、招商引资和对外经济合作提供投资促进服务；（2）参与拟订全省招商引资的相关政策和产业规划工作；研究国内外投资促进政策、产业发展趋势，提供辅助决策信息，编制我省产业投资指南；（3）参与指导全省招商引资工作，协助省辖市做好各类招商引资活动；（4）负责全省性重大经贸活动和境内外与投资促进相关会展活动的组织工作；（5）推动各地市投资促进（招商）机构开展招商引资工作；（6）负责联络境内外投资促进机构、中介机构和国际组织，建立合作机制；（7）协助指导河南省外商投资企业协会秘书处日常工作；（8）承担河南省商务厅交办的其他工作[②]。投资促进机构承

---

① World Bank Goup. Global Investment Competitiveness Report 2019/2020: Rebuilding Investor Confidence in Times of Uncertainty. 183.

② 河南投资促进中心简介. http://hninvest.org.cn//guanyuwomen/index.jhtml.

担的任务过多,从而会影响外商投资促进功能的发挥。而从人员编制和财政支持等资源来看,一个投资促进机构完成以上任务,会面临很大的资源不足压力。

(二) 投资服务体系方面的不足

1. 一般服务体系内容及机制的不足

在高水平开放背景下,外商投资所需要的不再是一城一策、一企一策的优惠服务,而是整体服务和专项服务并存的营商服务环境的提升。以河南为例,根据调研,正如表4-1所示,这些服务需求主要集中在对各个层级的投资服务中心和线上投资平台、信息服务、社会组织服务、重大项目专项服务等方面。主要问题包括以下内容。

表4-1 河南自贸区三片区20家外商投资企业投资服务问题调研统计

投资服务种类	投资服务项目	调研结果
投资促进服务	投资服务平台与线上服务平台	18家企业认为需要
		19家企业认为需要
	投资服务中心或平台的信息提供	1. 有效信息较少:有5家企业在问卷中对之进行了反映
		2. 信息更新较慢:有7家公司认为,即时存在服务中心或平台,但信息更新较慢,新的法律法规、政策,投资信息并没有即时更新
		3. 存在语言障碍:有14家企业认为,应当建立多语言的信息提供
	政府举行推介宣传和定期推介活动	有12家企业认为政府推介宣传和定期推介活动较少,有17家企业认为政府应当经常举行推介宣传和推介活动。而且有15家企业认为,政府应当定期在国外举行引资推介和宣传活动
	资金进出、科研转化方面的便利化服务	有18家企业在问卷调查中认为资金进入方面存在不便,19家企业认为科研转化方面程序太多。政府应当提供便利化服务
	社会组织服务	有13家企业认为,当地没有形成有效的商会服务,而且认为应当建立这样的服务体系
	重大项目专项服务	有10家企业认为,建立重大项目专项服务有利于投资进程的开展,而当前虽然存在这样的制度,但制度的执行并没有达到应有的效果
	政府与企业的定期联系	有16家企业认为政府与企业的定期联系应当形成制度,且能够解决实际问题

续表

投资服务种类	投资服务项目	调研结果
外商投资公共服务需求	外商投资企业外籍人员的出入境、工作、居留的便利化	有18家企业认为政府应当提供这方面的便利化服务
	涉外法律服务	有17家企业认为应当提供国际化的律师服务，应当建立国际上普遍存在的国际商事仲裁

（1）实体机构设置简单、服务内容不明确。自贸区内都存在负责外商投资促进和服务的部门，但绝大部分投资促进的服务与管理是商务部门的内设部门完成的。片区级政府的商务部门负责投资服务的内设机构还存在其他工作职责，没有形成专职负责机构。片区级负责外商投资服务工作的部门在其职责中，并没有区分促进服务内容和政务服务内容，二者混为一谈。这说明相关机构并不明确投资促进服务的具体内容是什么，因而需要这方面的立法进行基本的范围明确。

（2）外商投资促进在线服务平台建设较少、服务内容有效性低、多语言服务少。除了省级建立专门的外商投资服务网站之外，自贸区更为细化的区级都没有建立单独的外商投资服务网站，而是在商务局的网站上提供相关内容。以河南自由贸易试验区为例，河南省投资促进网内容较为丰富，提供的信息有招商项目、招商动态、投资环境、投资服务、政策法规、境外投资等。但这些投资服务内容大部分属于介绍性质、缺乏对投资环境、需求的深度分析，而且许多内容更新较慢，显然缺乏时效性。另外，多语言服务少。除河南省贸易试验区网站有英文网页和入口之外，其他的都没有建立专门的外文网页和入口。而于网上投资促进的对象而言，国外的潜在投资者是重要的一部分，建立外文网站有其必要性。

此外，还存在资金进出、社会组织服务、重大项目服务、与人员来往相关的服务、法律服务方面存在不足。

2. 投资推介机制未建立

投资推介是狭义投资促进的重点措施，这一点从投资促进的最初定义就可以得出。投资推介与营销是一地区成功吸引外商直接投资非常重要的手段。潜在的外商投资者往往是通过成功的投资推介来了解投资环境、区域优势、行业优势及项目特点，进而引起投资兴趣，开展进一步的投资行为。无论是 RCEP 等有关国际条约，还是 OECD 等机构都将投资推介作为首要的投资措施来设计和倡导。我国自由贸易试验区对这些规定内容较少。

3. 全过程投资便利化服务体系未建立

这里所说的全过程便利化服务体系并不是指政府提供的政务服务，而是投资服务机构提供的项目全过程的咨询、问题反映与解决等服务。作为高标准营商环境建设的一部分，全过程投资便利化服务体系不仅针对重大项目，也需要针对一般的外商投资者；不仅需要相应的接受、审查、反应等程序性规定，还需要保证服务效率的制度规定。而自贸区相关法律规则并没有进行完整的制度设计。

4. 数字化智能化投资服务不足

尽管我国自贸区在数字化平台、网站建设已经取得了一定的成果，但与国际机构所倡导推介的数字化、智能化投资服务措施还存在差距。这些措施包括组织网络研讨会和电子会议，建立平台与客户公司进行一对一的广泛接触，开发数字工具为客户公司的远程现场访问提供便利，使用社交媒体宣传活动来促进和吸引外国直接投资，以及智能化分析系统等。

（三）投资鼓励与引导方面的不足

投资鼓励与引导事实上是一个地方将外商投资引导到本地区最需要发展的行业与领域的最好方式。因而，一地区应重视对外商投资的鼓励与引导。许多自由贸易试验区在这方面存在不足：其一，没有结合国家《鼓励外商投资产业目录》和各个自贸区重点发展行业制定明确的鼓励外商投资行业与领域；其二，没有明确鼓励引导的方式，比如鼓励技术合作、科学研究、设立研发企业中部、研发中心等；其三，没有具体结合"一带一路"及 RCEP 进行投资鼓励与引导。虽然，自贸区条例针对"一带一路"规定了较多内容，但各条款却没有明确投资、贸易等细分内容，也没有投资引导的具体措施。

（四）投资促进国际合作方面的不足

以河南自贸区为例，河南自贸区条例仅强调了与"一带一路"沿线国家之间的合作，但没有突出贸易投资方面的合作。相较于国际规则及其他自贸区的规定，河南自贸区在投资促进国际合作方面存在以下不足：其一，缺乏境外开展投资促进活动的相关规定；其二，缺乏境外投资促进机构设立及运行机制的规定；其三，缺乏与境外投资促进机构、具体区域合作的机制；其四，缺乏与境外合作开展投资促进的方式内容；其五，缺乏针对 RCEP 开展投资促进合作的机制。

（五）对外投资促进方面的不足

从投资促进本身而言，既要促进外商针对本国的投资发展，也要促进本国对境外的投资发展。我国《外商投资法》在投资促进部分同样强调了这一点。从河南当前实际而言，虽然促进外商在自贸区内的投资是自贸区规则创新的重点，但是促进自贸区企业的对外投资也必不可少。实际上，我国自贸区企业对外投资稳定发展，特别是在国际建设工程方面已有了长足发展。因而，自由贸易试验区仍需在促进对外投资方面建立相应机制。

第四节　自贸区外商投资促进措施制度创新与完善

正如前文所述，有关外商投资促进措施的国际规则并不同于投资便利化那样有着严格的履行标准，只是国家努力采取的措施。因此，外商投资促进规则的构建与完善，不是对标国际规则，而是吸纳国际上最高水平的外商投资促进措施。结合国际高水平投资促进措施，中国自贸区应从以下方面建立完善外商投资促进措施制度体系。

一、建立完善投资服务体系与机制

促进外商投资，构建外商投资服务体系，是实施《外商投资法》的一部分。建议我国自贸区制定相关法律，对构建外商投资服务体系的内容进行详细的规定。

1. 建立外商投资服务领导和协调机制

建立适应现实需要的协调和联系机制，主要包括：外商投资有关的议事协调，及时协调、解决外商投资工作中的重大问题；跨部门之间就有关外商投资问题进行协调。

2. 构建外商投资促进常规化服务机制

构建外商投资促进常规化服务内容主要包括：（1）县级以上政府建设外商投资促进服务体系。具体包括：建立健全由政府主导，专业机构、商会、协会和企业等共同参与的外商投资促进服务体系，为外国投资者、外商投资企业提供全方位、精准化的投资促进服务。（2）县级以上政府建立全省统一的外商投资促进服务平台体系。进行相关法律、法规、规范性文件、投资促进项目信息、线上线下项目配对和对接等服务，并进行多语种信息提供。

3. 建立全程投资便利化服务体系

建立全程投资便利化服务体系，提供以需求为导向的便利化服务，确保投资安全快捷。便利化服务过程包括接收、审查、初始反馈、研究与处理、完全反馈、后续行动等。提高便利化服务效率的方式包括建立反应时间标准、发展研究能力和资源联系网络、管理信息数据库、提供个人联系人、使用标准化模板、要求提供有关投资者和/或投资项目的更多信息、使用客户关系管理系统等。

4. 建立投资推介机制

首先，明确投资推介的主体是自贸区各级政府、投资促进机构以及私营企业。其次，开展城市推介、区域推介、专题推介等投资促进活动。最后，推介活动的方式包括在线营销、针对特定目标群体的销售演示、在当地或者目标地区举办活动与交易会、开展潜在客户开发活动、建立中介机构网络、开展公关活动等。

5. 建立数字化智能化投资服务体系

在投资促进服务体系中全面融入数字化智能化内容。这些措施主要包括：（1）建立网络研讨会和电子会议制度；（2）建立平台与客户公司进行一对一的广泛接触；（3）开发数字工具为客户公司的远程现场访问提供便利；（4）使用社交媒体宣传活动来促进和吸引外国直接投资；（5）建立专项投资服务系统；（6）建立商业智能工具；（7）建立人工智能的数字就业导向平台。

二、建立健全鼓励引导机制

中国自贸区需要从以下几个方面建立健全外商投资鼓励引导机制。

1. 明确鼓励外商投资的领域与方式

这些内容包括：（1）编制外商投资指南、外商投资环境白皮书等指引，以中英文等语种公布；（2）鼓励和引导重点发展领域内投资；（3）打造高水平总部经济平台，鼓励设立亚太总部、全球总部；（4）鼓励外国投资者设立投资性公司；（5）鼓励设立外资研发中心、开放式创新平台，推动中小企业、创新团队与跨国公司对接，提升创新水平；鼓励再投资等。

2. 建立鼓励可持续性投资机制

可持续性投资或绿色投资是一国或一地区长久发展所必须考虑的，鼓励可持续性投资的措施主要包括：（1）确定可持续投资的优先领域，如可再生能源、创新领域、脱碳潜力的绿色技术和项目等；（2）确定可再生能源投资促进的重点，如确定优先投资的部门和企业名单；（3）通过结合结果相关的关键绩效指标或机制，选择优先公司并指导其是否协助特定投资项目的决策等；（4）制定与绿色投资项目相关的具体量化目标，等等。

三、建立外商投资促进国际合作机制

1. 建立一般性外商投资促进国际合作机制

建立一般性外商投资促进国际合作机制，内容主要包括：（1）支持各类投资促进机构在境内外开展投资促进活动，推动投资促进与会展、文化等大型国际活动联动；（2）对在境外开展的外商投资促进活动进行统筹、指导和服务；（3）加强与境外城市、地区在投资经贸领域的交流和合作；（4）与境外国家投资促进机构建立投资促进合作关系，设立境外投资促进机构，推动完善海外投资促进网络等。

2. 建立针对 RCEP、"一带一路"沿线国家的合作机制

正如前文所述，RCEP 规定了投资促进国际合作的内容，虽然这些内容设定的措施强制履行性较弱，但作为区域国家投资自由化的成果，给中国自贸区带来机遇。自贸区应针对 RCEP 国家建立合作机制，主要措施包括：

(1) 建立 RCEP 投资服务专门机构;(2) 根据实际情况和需求,与特定国家及城市建立投资促进合作机制;(3) 定期进行投资信息交流和研讨;(4) 定期合作召开投资推介会,等等。

四、建立促进企业境外投资制度机制

鼓励自贸区企业开展境外投资既是相应国家鼓励企业走出去号召的需要,也是进一步促进自贸区发展的需要。自贸区企业境外投资既要遵守可持续发展原则、国家安全原则,也需要促进和保护[①]。自贸区需要从以下几个方面建立促进企业境外投资制度机制:(1) 建立促进对外投资的专门机构或部门,确定目标投资区域与行业,进行当地营商环境、投资行业等方面研究;(2) 与目标地区联合开展投资推介活动;(3) 建立境外投资保险与激励机制;(4) 与 RCEP、"一带一路"国家共同建立投资促进机制。

本章小结

尽管 CPTPP 没有单独规定狭义的投资促进措施,但 RCEP 规定了单独的狭义投资促进措施。OECD、UNCTAD 等国际机构则详细列出了可供采用的投资促进措施,除了突出投资推荐措施之外,还详细阐释了促进可持续性投资、数字化发展的投资促进措施。中国自由贸易试验区不仅需要在一般性投资便利化服务方面建立机制,还需要重点建设投资推荐机制、促进可持续性投资机制、国际合作机制等。

---

① 龚柏华,朱嘉程. 论中国企业境外投资立法基本原则 [J]. 社会科学,2022 (10):182-192.

第五章 中国自由贸易试验区外商投资激励制度创新与完善

本章主要讨论投资激励基本问题、国际经贸规则中对投资激励措施的约束、实践中一些国家采取的投资激励措施,分析中国自贸区外商投资激励措施存在的不足,以及制度型开放的完善建议。

第一节 外商投资激励措施概述

一、外商投资激励措施的定义

关于投资激励措施的定义历来没有统一,每一定义都有其合理性。OECD制定的一个经常被引用的投资激励定义是:"旨在影响外商直接投资项目的规模、地点或行业的措施,其方法是影响项目的相对成本,或通过国内投资者无法获得的诱因来改变其所承担的风险。"[1] 另一个经常被使用的是UNCTAD给出的定义,"政府给予特定企业或某类企业可度量的经济利益,鼓励它们以某种方式开展经营活动"。而有些学者认为投资激励是指为影响投资地点而给予的补贴,可以是直接补贴或间接补贴。实际上,外商投资激励措施并不是孤立的,一国当局通常会向任何此前未在其所在经济体开展业务的企业提供激励措施。此外,有时还会对已在所在经济体开展业务的企业采取特定措施,以鼓励其扩大规模,并阻止其迁往别处。尽管这些做法可能不符合外国直接投资激励措施的严格定义,但其经济效果是等同的,而且在

---

[1] OECD. Checklist for Foreign Direct Investment Incentive Policies,2003.12.

大多数情况下,由此产生的政策挑战也是一样的。本部分讨论外商投资激励措施的定义,并明确其范围,是为了更好地讨论每一项措施的意义与适当性问题。

二、外商投资激励的积极作用与消极作用

(一)投资激励的有效性与"浪费的策略"

某一国家和地区决定采取影响投资者决定投资地点的措施,是基于这样一种观念,即投资激励是可以弥补市场的失效,或者由于投资者不投资而打破一个特定区域的平衡。20世纪晚期以来,普遍使用投资激励被世界上的大多数国家认可,其目的是使地区和国家对日益流动和全球化的企业更具吸引力。毫无疑问,某些投资激励会有助于吸引某些投资者到某一区域投资。但投资激励的效力取决于管辖区域所提供的条件、投资项目的类型和投资地点。

OECD认为,外商投资激励政策的基本目标是使外国企业入驻并带来长期利益最大化。为此,必须确保收益超过成本,并将实现既定目标的成本控制在尽可能低的可行水平。否则,外商投资激励措施就可能成为"浪费的策略"。OECD进一步认为,吸引外国直接投资(FDI)带来的经济利益通常有两方面:首先,对于国内储蓄低以至于不足以支撑经济扩张战略的国家(或者金融中介作用薄弱而产生类似效果的国家),可以利用FDI作为外部融资的来源,这在发展中国家和新兴经济体中被认为尤为重要;其次,大量经济文献表明,外国企业的存在通常会给东道国经济带来积极的外部效应(溢出效应)。如果外国直接投资激励措施带来的溢出效应是微不足道,那么该投资激励措施就是"浪费的策略"。

判断是否属于"浪费的策略",有以下几个标准:(1)无效性。这是浪费的最基本情形,也即利用外国直接投资激励措施所产生的收益未能超过预算成本。这种情况可能出现在当局对其激励计划进行错误的成本效益分析(或根本不进行成本效益分析)时,也可能出现承诺的收益未能实现,以及所施加的条件未能防止减少或不支付或追回已支付的激励措施时。(2)效率低下。这种情况是指激励措施产生的效益超过了成本,但有关部门未能恰当地使效益最大化、成本最小化。因此实际成本与潜在成本之间的差额必须被

视为浪费。(3) 机会成本。当可用于吸引外国直接投资 (FDI) 的资源稀缺时，资金的替代用途问题就会出现。即便激励方案既有效又高效但如果投入其中的资金本可以用于更有利可图的用途，那么这种方案仍可能是浪费的。(4) 多余损失。多余损失是指下列情况：一是当局发现自己在补贴那些事后看来即便没有激励措施也会进行的投资项目；二是有关当局为了在国内商业领域维持一个相对公平的竞争环境，觉得有必要通过向其他企业提供补贴来抵消外国直接投资的优惠；三是政府通过向某些项目提供特别优厚的外国直接投资激励措施，实际上提高了门槛，形成了一种参照标准，未来的投资者会以此为依据要求获得同样程度的优待。(5) 引发竞争。激励计划的长期成本包括，如果其他国家或地区采取相应措施而产生的经济负担。在制定新措施或大幅提高现有措施的优惠力度时，在没有充分评估其他司法管辖区可能的反应的情况下就贸然行事，在很多情况下都属于浪费之举[①]。

(二) 投资激励的消极作用：逐底竞争

外商投资激励产生的一个消极作用是可能形成不同国家或区域之间的吸引外商投资竞争。在很多情况下，FDI 激励措施的使用并不意味着各国家或区域之间存在竞争。这类竞争一般是指由于其他地方采取的激励策略，当局被诱导提供激励措施或修改其提供的 FDI 激励措施。这类竞争包括两种形式，即目标竞争与制度竞争。目标竞争发生在当局试图通过提供比其他国家或区域更优厚的激励措施来吸引个别 FDI 项目时。制度竞争则是一个国家或区域 FDI 激励措施的整体慷慨程度（或设计）是对其他地方激励措施实践的回应。在大多数情况下，外国直接投资激励措施的应用并不涉及有针对性的竞争。然而，近几十年来也出现了一些有针对性的激烈竞争案例。在单个项目规模较大且投资者对不同选址相对不那么敏感的情况下，各当局相互竞争的动机尤为强烈。在某些情况下，针对 FDI 的竞争已上升到名副其实的"竞标战"程度。各地区不仅相互竞争，而且不断抬高竞标条件，直到最终提供的激励措施在经济上显得毫无根据。各国和各司法管辖区之间似乎普遍存在制度竞争。调查反馈和证据都表明，许多提供外国直接投资激励措施的司法管辖区其实并不愿意这么做，但由不得不做。简而言之，大多数政策制定者认为，

---

① OECD. Checklist for Foreign Direct Investment Incentive Policies, 2003. 14 – 15.

如果他们不提供与别处大致相当的优惠条件，就无法吸引某些外国直接投资项目。这类竞争会给各国或地区吸引符合自身发展的高水平投资带来很大的消极作用。

三、外商投资激励措施的种类

外国直接投资激励措施通常分为三类，即财政激励、金融激励和监管激励，所有这些激励措施均由所在地区的主管部门提供资金（或在监管激励的情况下，提供优惠）。

（一）金融激励

金融激励包括提供补助、补贴、贷款、工资补贴和工作培训，补贴创造新的及有针对性的基础设施，支持外派费用等。金融激励可以是非偿还性的，也可能需要部分或全部偿还，有或无利息或额外费用。

1. 补助

补助是对公司某些符合条件的花费提供现金或补贴性金融支持，例如外商投资公司每创造一定数量的工作岗位，便获得一定数量的资金补助。例如，补助是欧盟和欧洲自由贸易联盟成员国在20世纪八九十年代所提供的最为重要的激励之一[①]。

2. 贷款

贷款是另一种优惠或非优惠的金融激励。优惠贷款是比市场条件更优惠的直接贷款（如更低的利息、更长的优惠期或是两者的混合）。非优惠贷款是基于市场利率而提供的贷款，与商业贷款提供的条件相同。贷款在20世纪90年代和21世纪被广泛使用。

除了上述频繁使用的补助和贷款类别，金融激励（主要以特别补贴形式）包括以下方面：(1) 职位培训补贴。例如资助公司的被培训人员，或对新招聘的员工（更常见归因于增量就业影响）或公司已有员工提供培训补贴。例如，在欧盟，这些措施在较低人均收入地区或正进行结构变化或产业

[①] ［葡］安娜·特蕾莎·塔瓦雷斯-莱曼，等. 重新思考投资激励：趋势和政策选择［M］. 冯军，伍德龙. 上海：上海人民出版社，2020：34.

复原的地区被频繁使用。（2）基础设施补贴。该补贴是增加地方吸引力的最佳方式之一。在此，作为一种投资激励，基础设施补贴某种程度上需与一个特定投资者相关，而不提供给所有投资者。基础设施补贴可以包括提供物理的基础设施（如公路、港口和铁路）或土地让与以及若干类型的基础设施改进。例如，欧洲区域发展基金（ERDF）支持若干基础设施发展项目，若相关项目位于"集聚"或经济萧条地区，支持尤为如是。（3）用于组织任务的开支。用于组织任务的开支能使投资者走访其打算开办商业或意欲深化投资承诺的市场。除了以上较为常见的金融激励措施之外，还包括政府股权参与、贷款担保等。

（二）财政激励

财政激励是偏离普遍税收法律法规的、对符合条件的投资项目提供税款的一种优惠，目的是提高某一投资的收益率或通过削减税收负担降低其风险和成本。财政激励包括更低的税收和税收全部豁免两类。财政激励常被认为是使用最为普遍的投资激励类型。传统上的财政激励包括税收优惠、免税期、投资补贴等。税收优惠作为一项投资激励措施，在一些地方仅适用于在其他市场的活动中所得到的收入；在另一些情况下，税收安排甚至是可以与一个投资者或投资者集团进行谈判的。免税期是符合条件的新设公司可以在一定期限内免付公司所得税的一种措施。免税期的好处是简便，投资者守法成本低以及税收官员的行政成本低。提供完全的免税或免税期是出口加工区（EPZs）和特殊经济区（SEZs）的普遍做法，这在若干中低收入国家中十分普遍。投资补贴是基于投资百分比的应税所得减免（折旧）。因为投资补贴减少了应税所得，其对投资者的价值取决于适用于征税基础的公司所得税。投资补贴包括加速折旧和提高扣除额等。

（三）监管激励

监管激励是通过豁免国家或地方规则及规范对企业的适用，从而吸引企业的政策。实践中，相应的豁免通常意味着在环境、社会和劳动力市场方面放宽对投资者的相关要求。其可能包括诸如放宽劳动条件要求或者企业的环境责任。就劳工标准而言，基于劳动合同灵活性和减少无工资劳动力成本而进行的对内投资竞争已在近几十年来深度影响经济合作与发展组织经济体。

《经济合作与发展组织指南》认为，发展中国家的部分行业更容易受到降低劳工标准的影响，例如，那些从事低技能就业的行业部门往往会吸引更多自由行业，如纺织品和服装。然而并没有证据证明存在监管"逐底竞争"，也没有强有力的迹象表明严格的环境或劳工标准与投资流入负相关。监管激励措施可以通过投资者与国家合同中所包括的稳定性条款落实。这些条款旨在使投资者不必服从于在规定期限或合同期限内增加经营成本的法律变更。也可以通过各种其他渠道授予，包括通过投资者合同中的条款落实。同时，也可以通过法律形式提供监管激励。例如，建立自由贸易区或其他经济特区的法律可能规定，关于劳工、税收或其他问题的一般法律框架不适用于自由贸易区，从而激励投资这些领域。

如上所述，几乎没有证据表明降低环境或劳工标准实际上会导致投资增加。但毫无疑问，公平、透明和可预测的监管框架对投资者具有吸引力。实际上，监管框架的特定方面，例如财产法保护的强度和公司法原则等，对投资者的区位选择和行为决策至关重要。然而，适用于所有投资者的法律和程序体系不属于我们对投资激励的定义，在此不再讨论。

此外，提供信息与技术服务在一些国家实践中也被视为投资激励措施。但提供信息与技术服务更多体现为狭义投资措施中的投资服务内容，本研究将其归为狭义投资促进范围，在此也不再讨论。

四、一国制定外商投资激励政策的考虑标准

一国或一地区政策制定者在着手实施外国直接投资激励策略时，还必须考虑到其中的成本和风险。为避免出现负面结果，引导 FDI 激励措施的政策应以明确可衡量目标的战略为依据。OECD 在有关文件中列举了评估政策框架的相关性、质量和连贯性的操作标准。这些标准分为六大类。

（一）提供外商投资激励措施的适宜性和适当性

外商投资激励政策制定者应当考虑两个问题：一是外国直接投资激励措施是否是一种适当的工具。二是对于有利环境与激励措施之间的联系是否已足够了解。通常情况下，投资者是根据风险调整后的预期回报来做出投资决策的，因此，任何改善商业环境或降低风险的努力，都可能对投资产生与激

励措施相同甚至更大的影响。FDI 激励措施不能替代有利于外国直接投资的吸引环境。因此，在制定吸引外国直接投资（FDI）的政策时，有关部门应首先对能够实现和无法实现的目标形成一个切合实际的看法。在短期内无法改善营商环境的不足之处时，当局可能会认为有必要依靠激励措施。然而，除非这些激励措施在一定程度上弥补了具体的不足之处，否则其对投资者的影响是不确定的。如果对外国企业有选择地提供激励措施，可能会对国内营商环境造成损害，而非改善。

（二）政策设计与实施框架

政策制定者设定外商投资激励政策设计与实施框架时，应注意三个问题：（1）提供外国直接投资激励措施的明确目标和标准是什么。相关主管部门需要明确外国直接投资激励措施旨在达成何种目标，以及如何达成。若对此缺乏足够的清晰认识，就无法评估政策的适当性和有效性。（2）这些目标和标准是在哪一级政府层面确立的，又由谁负责落实。应当在每个区域内明确最终负责制定政策的机构。参与设计和实施外国直接投资激励措施的其他公共机构应向该机构负责。（3）在存在多个司法管辖区的国家，如何防止地方激励措施相互抵消。当各司法管辖区之间的竞争是基于切实改善营商环境的努力时，可能会带来效率的提升。然而，纯粹出于竞争目的对企业进行补贴往往会产生相反的效果。在这种情况下，中央政府或许可以鼓励各司法管辖区之间达成合作安排。

（三）策略和政策工具选择的适当性

在决定采取投资激励时，需要判断策略和措施选择的适当性，主要需要考虑四个方面的问题：（1）外国直接投资（FDI）的吸引与其他政策目标之间的关联是否足够清晰。众多政策影响着区域和部门的发展。重要的是要确保外国直接投资激励措施的实施方式不会与其他目标相冲突。（2）对于给予外资企业优惠待遇对当地企业造成的影响，是否已充分了解。政策制定者的决策将取决于对外国直接投资相对于其他投资来源的相对优势、歧视造成的效率损失以及不歧视所导致的预算成本的综合评估。（3）所提供的外国直接投资激励措施与它们旨在支持的政策目标的选择性程度是否存在不相符的情况。例如，资源有限的可能会试图通过财政优惠来吸引投资。但其需要考虑这样一个事实，即此类激励措施并不特别适合用于推行特定的经济或区域战略。（4）是否充分关注了如何实现效益最大化以及长期总成本最小化。过度依赖短期内对预算影响甚微但长期影响显著的激励措施存在风险，同时，大多数监管激励措施的非经济成本也需要得到充分考虑。

并非所有类型的外国直接投资（FDI）激励措施都同样适合于追求不同类别的 FDI 吸引策略，但每种类型的相对优势必须与其预算影响进行权衡。通常，财政激励措施使当局对受惠方的行为拥有更大的控制权，因此更适合有针对性的 FDI 策略。同样，它们也更容易用于补偿投资者因结构性劣势而采取的政策。然而，许多国家的 FDI 激励政策似乎过度依赖财政激励措施。其原因在于，递延或放弃的税收收入的前期预算影响远小于财政激励措施所需的直接支出。当局应警惕对财政激励措施成本过于乐观的风险，其行动应以对未来放弃收入现值的仔细评估为指导。

（四）单个项目的规划和管理

在确定采取投资激励措施时，要考虑单个项目的规划和管理，需要注意五个方面的问题：（1）在没有对管理及监督这些项目所需资源进行切实评估的情况下，是否已着手实施相关项目。即使设计良好的方案，如果没有充足的行政资源也可能无法顺利实施。除非实施机构具备顶级的商业专业知识，并且能够迅速做出决策，同时又不损害其分析能力，否则外国直接投资激励策略不太可能成功。（2）激励措施的时间安排是否恰当，它是否适合所涉及的投资，同时又不会被滥用。投资者对前期投入较大方案的偏好，必须结合其参与当地经济的性质和可能持续时间来加以评估。尽管当局希望表明其长期承诺，但仍需防范掠夺性行为。（3）对执行机构施加支出限制是否能充分保障防止浪费。支出限额可能包括效益目标（例如，每投资一美元或每预期新增一个就业岗位的最高支出）、每个项目的上限以及年度总预算。然而，由于效率低下和机会成本的存在，这些支出限额在遏制浪费方面的效果并不总是明确的。因此，必须辅以评估工具（包括成本效益分析）。（4）对于超出执行机构正常权限的大项目，有哪些处理程序。可能需要制定标准程序，包括事先就哪些行政部门应参与以及他们应进行何种最低限度的分析达成一致。此外，还应确定在何种程度上以及在哪个阶段让决策官员参与这一过程。（5）激励计划的最长期限应为多久。固定期限有助于定期评估项目，以确定其是否仍具有相关性,从而降低外国直接投资激励计划因行政或政治惰性而长期存在的风险。在确定期限时,可能需要考虑诸如政治周期、投资者的行业特点以及特定地区的发展时间跨度等因素。

(五) 透明度与评估

吸引外国直接投资的策略应及时、透明地传达给企业界(以及民间社会)。虽然在具体公司层面实施策略时,视具体情况可能需要一定程度的谨慎和保密,但有关部门有充分的理由向投资者阐明其总体方向。首先,这对与所推行策略相关的相关企业具有重要的信号作用。其次,这能让整个企业界有机会了解情况并做好准备。同时,为了避免浪费性的外国直接投资激励措施出现,则需要实施健全且全面的成本效益分析方法,对外国直接投资项目带来的总收益以及对公共财政和整个东道国经济造成的总成本进行评估。为此,需要考虑四个方面的问题:(1)是否已确立了健全且全面的成本效益分析原则。成本效益分析不仅应适用于单个项目,还应考虑到整体的外国直接投资政策背景。可以建立一种普遍认可的成本效益分析方法并在整个过程中加以应用,或者根据地区和行业的具体情况采用不同的方法。对于非预算成本和收益的评估,可能需要采用共同的标准。(2)成本效益分析是否足够定期地进行。成本效益分析最好在投资项目之前和一段时间之后都进行。为了确保合规,可能需要制定正式的报告要求。(3)是否开展额外分析以证明投资项目的非量化效益。众多旨在吸引外国直接投资的国家策略,其正式依据在于存在一些无法量化的益处(例如溢出效应)。因此,如果这些策略要长期维持下去,相关当局理应提供事后证据来证明这些益处的存在。分析可以涵盖一系列指标,比如与当地企业的关联可能性、对价值链的影响以及就业的"质量"。(4)外国直接投资激励措施的提供过程是否接受政策制定者、相关议会机构和民间社会的审查。实施机构有动机追求次优效果,比如通过吸引的投资项目数量来衡量成功与否。因此,必须确保其活动具有足够的透明度。可以邀请诸如审计学院、学者和行业自身等机构参与,以提高公众和政治层面的认识。

(六) 外商投资激励策略与措施跨管辖区域的影响

一般而言,单个当局无法自行采取行动来避免可能造成浪费的竞争。他们需要考虑其计划中的政策行动可能在其他地方引发的反应。同时，政策制定者有时发现，提供激励措施会招致法律挑战，因为这些政策可能被认为违反了国内法或诸如世界贸易组织协定之类的国际义务。因此，政策制定者需要评估外商投资激励策略与措施跨管辖区域的影响，包括对引发报复的风险的仔细评估价。这需要考虑两个方面的问题：（1）有关当局是否已确保其激励措施与本国可能已作出的国际承诺保持一致。某些类型的激励措施（尤其是监管方面的激励措施）可能会受到国际协议的限制。尽管与投资没有直接关联的国际承诺可能不会直接影响外国直接投资激励措施，但它们仍可能产生影响。（2）当局是否充分评估了其激励政策可能在其他区域引发的反应。例如，存在这样一种风险，即积极主动地对外国直接投资提供补贴可能会引发与其他司法管辖区之间的竞标战。这种风险在涉及大型单个项目以及临时采取特定的外国直接投资策略的情况下可能会尤为突出[①]。

第二节　国际条约有关投资激励措施的规则及特点

从国际投资协议和自由贸易协议来看，其内容主要是将各国采取的投资激励措施约束到公约保护与促进投资的范围之内。从 WTO 到 CPTTP、RCEP，其内容都会存在这方面的要求。

一、WTO 有关约束投资激励措施的规则

WTO 涵盖的协定并非专门出于规制激励竞争的目的。然而，这些协定通过其商品和服务贸易规则对使用各种投资激励政策施加了一些限制。相关协定包括《补贴和反补贴措施协定》（SCM）、《与贸易有关的投资措施协定》（TRIMs 协定）和《服务贸易总协定》（GATS）。

《补贴与反补贴措施协定》对政府使用各种投资激励政策施加了一些限制，但只有当它们与出口业绩或国内使用国外货物相关或对世界贸易组织成员具有"专向性"和"不利影响"时适用。

[①] OECD. Checklist for Foreign Direct Investment Incentive Policies, 2003. 20-34.

《与贸易有关的投资措施协定》禁止世界贸易组织成员施加特定业绩要求（或基于特定业绩要求制定与之相符的激励政策）以歧视其他成员生产产品。根据《与贸易有关的投资措施协定》第2条，"世界贸易组织成员不得采取违反《关税及贸易总协定》第3条投资政策，即威胁外国产品相对少于国内产品（如使用本地商品的要求）或违反第11条关于出口或进口的数量限制的（如出口限制）"。《与贸易有关的投资措施协定》还包含一个禁止性措施清单。《与贸易有关的投资措施协定》通过防止世界贸易组织成员提供取决于使用国内或地区内而非进口产品的激励政策，它对政府使用投资激励政策以推进某些政策的自由度有明显的限制，例如支持国内或地区内产业或鼓励落后地区或社区的发展。

《服务贸易总协定》（GATS）包括限制使用投资激励政策的规定。它涵盖通过不同模式发生的服务贸易，其中之一是通过"商业存在"。商业存在是通过外国投资提供服务。因此，《服务贸易总协定》可以联系并调整各国如何对待在其领域内的外国和国内服务供应商。《服务贸易总协定》第15条要求世界贸易组织成员对服务业补贴之使用监管的可能发展进行谈判，但谈判尚未达成一致的结果。《服务贸易总协定》有关补贴基准适用于所有服务部门的外国投资者，并禁止政府对不同的外资服务供应商进行区分，其中包括给予成员方的服务供应商投资激励，而不给予任何其他成员方的"相同"服务供应商同样的投资激励。同样相关的是第17条，国民待遇要求。在适用时除了别的以外，国民待遇条款可以限制政府使用投资激励政策，这些激励政策提供给授权管辖区的投资者所有或由其拥有的服务供应商。但不提供或不以同样的方式提供给位于其他成员方由其国民所有或拥有服务供应商。例如，如果世界贸易组织成员政府给予由少数民族或经济落后公民所拥有的服务公司以投资激励，以解决和克服历史性歧视的后果。但未向其他成员方投资者拥有的竞争企业提供这些激励，则提供激励的政府将违反《服务贸易总协定》的国民待遇义务。

二、CPTPP、RCEP有关规制投资激励措施的规则

CPTPP、RCEP作为当前最具代表性的巨型自由贸易协议，投资作为其重要的规制领域，许多规则内容与投资激励措施有关，同样更多的是限制一国

采取投资激励措施。RCEP、CPTPP 除投资章节规定的义务外，在其他章节也规定了多项内容，可以用作限制或规制投资刺激，其包括国民待遇和最惠国待遇义务、最低待遇标准规定、履行要求的限制、监管激励限制、透明度义务、竞争、可持续发展等。本部分就 RCEP、CPTPP 相关主要规则进行分析。

1. 待遇条款限制

RCEP、CPTTP 投资章节中的国民待遇和最惠国待遇义务、最低待遇标准规定可以限制使用超过其他企业的有利于一个或多个企业的选择性激励措施。在 RCEP、CPTPP 投资章节中，国民待遇义务、最惠国待遇、最低待遇标准等基本上适用所有的部门，除非一国对其承诺范围外的一个部门提出了保留。实践中，这些待遇往往以非歧视标准规制投资激励措施。非歧视义务对于激励规制具有广泛应用范围，可能会限制使用个别谈判和有选择地应用激励的过度、不合理和基于合同的有区别的激励交易行为。

2. 业绩要求条款限制

RCEP、CPTPP 都在投资章节规定了"业绩要求"条款。"业绩要求"是一项强制性限制，其目的是阻止各国为了特定要求而制定附条件的投资激励措施，包括对使用本地商品或优先使用的要求，达到特定程度的国内含量要求，或满足贸易平衡的要求。当然，这些限制通常适用东道国领土内所有的本国、外国投资，不仅仅适用来自缔约方的外国投资者的投资。

3. 监管激励限制

CPTPP 规定了投资与环境、卫生和其他监管目标及企业社会责任条款。CPTPP 第 9.16 条投资与环境、卫生和其他监管目标，规定"本章中任何内容不得解释为阻止一缔约方采取、维持或执行在其他方面符合本章且该缔约方认为对保证在其领土内的投资活动以积极考虑环境、卫生或其他监管目标的方式开展所适当的任何措施"。第 9.17 条企业社会责任规定，"缔约方重申每一缔约方鼓励在其领土内经营或受其管辖的企业自愿将该缔约方赞同或支持的企业社会责任的国际公认标准、指南和原则纳入其内部政策的重要性"。这些条款限制特定的建立监管措施来防止"逐底竞争"。

4. 透明度义务

RCEP、CPTPP 的透明度要求各国政府和各分支机构披露与投资相关的任何实际或拟议的法律、法规、程序、裁决和决定。因此，这些义务可用于授权披露某些项目和给予投资激励。这些类型的条款可以在打击围绕着使用投资激励措施的问题性和不透明性方面做很多工作，这也形成了对投资激励措施的限制。

三、国际经贸规则中投资激励措施规则的特点

从众多的双边或多边投资协议、自由贸易协议、国际组织文件来看，国际经贸规则对投资激励措施态度，显然不同于投资便利化及狭义的投资促进措施。整体看来，具有以下特点。

1. 国际经贸规则尊重国家实施投资激励措施的权利

投资激励是政府为促进外商投资者做出投资行为，而单一或综合采取财政金融等工具措施行为。一国根据本国经济发展水平、经济结构及经济发展长远规则，在国家层次或其管辖下的某一区域采取财政、税收等方面的激励政策措施，是其国家主权范围内的事情。国际投资协议或自由贸易协议并没有明确禁止国家行使这一权利，也没有明确规定这一权利行使的范围等，整体上尊重国家采集投资激励措施的权利。

2. 国际经贸规则没有将投资激励作为投资促进的主要措施

正如前文所述，各国早期主要是通过采取财政补贴、税收减免等激励措施吸引外资。近年来，国际投资更多追求稳定的投资自由化便利化环境。从投资协定、自由贸易协议整体内容来看，国际规则更多关注的是投资自由化便利化问题。从具体内容来看，国际规则往往通过设定有法律拘束力的条款促使各国不断优化法律政策，形成法治良好、秩序稳定、规则透明、与国际接轨的高水平的自由化便利化投资环境。国际经贸规则积极倡导各国主要通过国际化的营商环境吸引外商投资者投资。因此，投资激励措施并不是国际规则所倡导的促进投资的主要政策措施。

3. 国际规则限制各国投资激励措施的不当使用

从长期的实践来看，投资激励存在巨大的潜在缺陷，最典型的是可能形成"逐底竞争"，竞相降低投资条件和标准，造成市场的扭曲。投资激励措施的使用可能降低经济效率、增加税后转移的不平等，甚至会对环境有害的项目提供帮助。国际投资协定或自由贸易协议其目标是实现投资领域的公平公正、自由化及便利化。因此，相应的国际条约则会要求各国采取的投资激励措施需要遵守条约规定的国民待遇、最惠国待遇、透明度等义务要求，而

这些义务是国家必须履行的强制性义务。

第三节 投资激励措施的国别考察

尽管国际社会认为促进投资的最好形式是以投资便利化为重点的营商环境建设，而不是投资激励，并对一国采取投资激励措施持审慎态度，但投资激励仍然是许多国家吸引外资的手段之一。本节重点介绍欧盟、美国、越南等的投资激励措施。

一、欧盟的投资激励措施

欧盟及其各成员国均采取许多策略，以加强商业环境吸引力。促进投资和创新被视为提高竞争力的必要步骤。投资激励措施也是欧盟采取的促进投资和创新的必要措施，但受到较为严格的法律规制。

（一）欧盟治理投资激励的法律框架与政策

欧盟成员国的激励政策受欧盟援助法律和政策共同约束。欧盟将国家援助定义为："国家公共机构有选择性地对企业授予的任何形式之利益优势。"国家援助监管框架建立在一套复杂的条约条款、通报及指引体系之上。这些规则包括以下几点。

1.《欧盟运行条约》有关规则

《欧盟运行条约》第107条、第108条和第109条是国家援助的核心性条款。《欧盟运行条约》第107条第3款列出可能被认为与单一市场一致的国家援助类型：（a）鉴于其结构、经济和社会状况，协助促进生活水平异常低下或就业不足的地区以及第349条所述地区的经济发展的援助；（b）协助促进执行欧洲共同利益的重要项目，或修正成员国经济严重不稳定的援助；（c）促进某些经济活动或某些经济领域发展的援助，该援助不会对贸易条件造成不利影响；（d）促进文化遗产保护的援助该援助不会影响欧盟内贸易条件和竞争，不会与共同利益不符；（e）理事会根据委员会的建议作出之决定所指明的其他类别援助。第108条规定过了欧盟国家援助政策程序。

第 109 条授权欧盟理事会可以对适用相关规定做出适当的规定,特别可以确定第 108(3)条适用的条件和免除此程序的援助类别。

2.《一般集体豁免条例》

20 世纪 90 年代末以来,欧盟简化了国家援助程序,主要规定在 1998 年通过的《一般集体豁免条例》(GBER)。该条例将有利于中小企业、研发、环境保护、就业和培训的措施等援助类别视为与条约相一致的豁免类型(不需要事前通知)。2013 年通过的《一般集体豁免条例》修正案提出了新的援助类别,包括有利于"创新、文化、自然灾害、体育、特定宽带基础设施、其他基础设施、向偏远地区运输的社会援助和针对特定农业、林业和渔业问题的援助措施"。

3.《微量条例》

此外,欧盟委员会已经制定微量条例,在一定门槛下放宽了国家援助授予的规定。该条例几经修改,2013 年版本第 2 条规定,豁免(不需要事先通知)三年内达到一定的门槛(20 万欧元)的国家援助。并提供若干简化程序,特别是针对中小企业的简化程序。

4. 欧盟国家援助政策

2005 年,欧盟委员会通过了"国家援助行动计划"(SAAP),该计划强调采取"强化的经济手段"突出国家援助在市场失灵情况下的积极方面,但"强化的经济手段"会增强欧盟委员会的豁免能力。欧盟委员会为此采用所谓的"平衡标准"。该标准考察援助是否是实现该目标的适当手段,是否存在危害较小而可以实现相同目标的其他措施,以及援助预期成果对援助目标的积极影响和对竞争的负面影响。该做法体现了欧盟国家援助灵活性和开放性程度的提高[①]。

(二)欧盟投资激励措施的种类

1. 欧盟国家援助种类

欧盟国家援助分为两类,即"非与危机有关的国家援助"和"与危机有关的国家援助"。第一类援助包括"横向援助"和"行业援助",特别包括

---

① [葡]安娜·特蕾莎·塔瓦雷斯-莱曼,等. 重新思考投资激励:趋势和政策选择[M]. 冯军,伍德龙. 上海:上海人民出版社,2020:193-197.

"税收减免""参股"和"软贷款"。而"与危机有关的国家援助"背景下给予的援助则是"资本重组措施、担保、资产减免干预以及除担保以外的流动性措施"。大部分非与危机有关的援助主要集中在工业和服务业，主要措施是赠款和减税。近年来，欧盟内部（援助）总量、非与危机有关的援助总量都有所下降。就其地理分布情况而言，法国和德国是主要援助国。就税收减免而言，法国和德国授予的税收减免总额最多。

2. 区域性国家援助

欧盟委员会认为，区域性国家援助是一种特定类型的横向援助（即不指向具体行业，旨在实现欧盟共同利益之目标）。成员国可以按照《欧盟运行条约》第107条第3a款或第107条第3c款的规定给予区域性国家援助。欧盟委员会对用于评估特定形式的援助是否可被视为"与（欧盟）内部市场一致"的标准和条件做出了界定。关于区域性国家援助，如果援助符合《通用豁免条例》规定的条件，成员国可以在没有事先通知欧盟委员会的情况下给予援助。在其他情况下，一个成员国必须通知欧盟委员会其有意提供具体援助。

3. 研发及创新的国家援助

欧盟法律允许为推动研发与创新目的而提供的援助，该援助是另一种横向国家援助。促进研发创新的国家援助可以根据《欧共体条约》第107条第3b款和第107条第3c款关于豁免的条款获得批准。授予个别公司的国家援助不属于《通用豁免条例》范围。在为个别公司提供国家研发援助的情况下，欧盟采取平衡测试的方法以决定允许或禁止该援助。对于由于援助金额巨大从而导致巨大扭曲潜力的单个援助措施，委员会将根据比例原则对援助的积极和消极影响进行全面评估。

4. 税收激励

以税收激励为形式的国家援助是各国吸引新投资特别是外国投资而采取的主要手段之一。欧盟范围内给予的国家援助数据表明，税收激励是成员国所采取的主要措施之一，但并非所有这些财政激励措施都属于欧盟国家援助框架范围。根据欧盟委员会的统计，"纯技术性质的税收措施"和"追求一般经济利益"的措施不被视为国家援助，"除非其不间断地适用于所有企业和所有商品生产"。欧盟经济和财政事务理事会于1997年通过了《企业税收行为守则》。该文件确定了66种被称为"有害的税收竞争"的税收激励政策，其同时解决了给予非居民投资者税收激励的问题，但该文件并不具法律约束力。

综上所述,在欧盟内部,关于国家援助的一个复杂体系规制着特定的激励政策。《欧盟运行条约》原则上禁止国家援助,但是,条约本身及随后的通报和指引规定了允许豁免的条件。该"豁免伞"体系为成员国授予投资激励提供了框架①。

二、美国的投资激励措施

美国作为世界上最大的消费市场,同时拥有良好营商环境,先进资本市场和强大的知识产权保护环境,美国为投资者提供了许多其他投资吸引措施。但是,为吸引或保留国内外直接投资,联邦政府与国家和市政府仍然提供了广泛的财政和金融激励。其投资激励措施主要分为联邦层面和州市层面。

(一) 联邦投资激励

美国联邦政府本身承担相对较少的国际投资促进活动。在联邦层面,投资激励措施往往通过税收抵免、折旧补贴以及在税法中规定给予既定范围内的外国和国内所有投资者同等待遇的类似机制的方式,针对特定的行业、部门或欠发达落后地区施行。主要措施包括以下几点。

1. 税收优惠

根据1974年《预算法》第3条第3款的规定,"税收支出"是指由于联邦税法允许特殊排除、豁免或扣除总收入或联邦税法规定的特别信贷、优惠税率或延期纳税责任而造成的财政支出。美国联邦层面的税收优惠覆盖到个人和各类公司。但并非所有的税收支出,即便是对企业的税收支出,均为投资激励。例如,经常认为是投资激励的包括针对可再生能源和混合动力车辆、电器和窗户等节能产品在内的各种信用和扣减,以及对制造商、房地产业和信用合作社其他有待的"企业福利",却仅占年度税收支出的约3%。

2. 联邦政府的直接贷款

2014年,美国联邦政府通过200多个计划,向广泛的行业提供直接拨

---

① [葡] 安娜·特蕾莎·塔瓦雷斯 - 莱曼,等. 重新思考投资激励:趋势和政策选择 [M]. 冯军,伍德龙. 上海:上海人民出版社,2020:199-230.

款,其中包括:(1)能源部贷款项目,其中包括大量的清洁能源贷款担保计划,如核电、风能和太阳能、先进技术汽车制造业贷款等。(2)商务部渔业财政计划,为西北大比目鱼、鲨鱼和阿拉斯加螃蟹渔业的渔船和水产养殖设施的建造或重建提供长期融资。(3)交通部拨款和贷款计划,如铁路修复和改善融资计划。(4)住房和城市发展部就业信贷给投资于重建社区和赋权区的公司。(5)进出口银行每年出口前融资,出口信贷保险以及贷款担保和直接贷款(买方融资)来支持美国出口。在大多数情况下,在满足整体支出限制前提下,符合预设标准的所有申请人都可以申请这些项目。然而,它们的非特异性并不能保证实现刺激生产性投资的预期目标[1]。

(二) 州和市的投资激励措施

一般常识认为,激励措施不太重要,或仅在特定情况下对特定行业或市场而言重要。然而实际上,特别是在州和市政当局实施激励措施情况下,激励措施似乎很重要。对美国州与市近 300 个"特大型交易"[2] 激励措施的考察支持了这一点。美国州和市的投资激励措施主要包括以下几点。

1. 财产税豁免

财产税豁免是市政府最为青睐的激励措施之一,但该措施并不必然导致投资者在该地投资。例如,有学者通过实践案例考察认为,"在州内的大部分投资、地方补贴或是减税均基于与上述补贴或税收毫无关系的原因而发生;相应的投资并不会被诱导,因为不管怎样其也会获得补贴……有实质证据表明,在许多这些情况下,企业是在做出决定后通过谈判获得了激励"[3]。尽管如此,州或市还是积极地采取投资激励措施。例如,1988 年至 2012 年各州实施的大型交易激励就超过 240 项,而这类投资激励竞争在近年来依然活跃。

2. 金融激励

尽管政府通常更容易提供税收抵免和类似的财政激励措施,然而,许多

---

[1] [葡] 安娜·特蕾莎·塔瓦雷斯-莱曼,等. 重新思考投资激励:趋势和政策选择 [M]. 冯军,伍德龙. 上海:上海人民出版社,2020:241-245.

[2] 特大型交易是指价值7500万美元或更大数额的激励计划,其在过去 35 年合共获得 41 个州政府和市政府给予的超过 870 亿美元的赠款或税收放弃。

[3] Fisher, P. 2004. "The Fiscal Consequences of Competition for Capital." Conference Paper, Humphrey Institute of Public Affairs, University of Minnesota, Minneapolis, February.

激励计划均是部分或完全基于现金流。这些激励措施可能包括贷款担保、现金回扣等方式①。

(三) 评估激励措施的有效性

美国地方政府评估投资激励措施的效用及其有效性方面，主要集中在财政激励上，大多数州政府以净财政效应为标准评估其激励计划。例如，佛罗里达州政府将激励措施的投资回报作为衡量标准，侧重于国家收入的有形财务收益或损失，以及最终受到国家税收政策的限制。但研究数据表明，激励措施与投资或是投资收益之间的联系充其量而言是脆弱的。此外，ICA 发明了激励透明度指数，该指数用于评估美国各州在通报激励计划的经济和社会影响的开放性。调查结果表明，对激励措施有效性的评估和措施实施中的透明度两者携手前行；评估得分高的国家，开放程度也高，反之亦然②。

综上所述，美国的投资激励措施针对的对象一般不区分内资或外资，存在联邦层面的投资激励，以及州和市层面的投资激励。作为财政激励措施的减税可能很少成为投资区位地决策的决定性因素。评估激励措施的净财政效应可能不是评估其有效性的一个完美工具，但对于寻求健全政策指导的政府来说，它可能是唯一合理一致和可靠的指标③。

三、越南的投资激励措施

越南的投资激励制度对国内外投资者一视同仁。不向外国投资者单独提供特殊的税收或财政激励措施或优惠。税收和财政激励措施的授予依据多种标准，例如鼓励的行业（例如教育、医疗保健、体育/文化、高科技、科研开发、环境保护、可再生能源以及农水产品）、地点（例如符合条件的经济特区和高科技园区、工业区、欠发达地区）、规模（例如自投资批准之日起3

---

① ［葡］安娜·特蕾莎·塔瓦雷斯－莱曼，等. 重新思考投资激励：趋势和政策选择［M］. 冯军，伍德龙. 上海：上海人民出版社，2020：245－258.
② ［葡］安娜·特蕾莎·塔瓦雷斯－莱曼，等. 重新思考投资激励：趋势和政策选择［M］. 冯军，伍德龙. 上海：上海人民出版社，2020：267－279.
③ ［葡］安娜·特蕾莎·塔瓦雷斯－莱曼，等. 重新思考投资激励：趋势和政策选择［M］. 冯军，伍德龙. 上海：上海人民出版社，2020：284－285.

年内投资资本超过6000亿越南盾）以及制造业标准。

（一）可获得特别投资激励措施的项目

根据2020年越南《投资促进法》，以下项目可享受新的特别投资激励措施：（1）自投资促进委员会（IRC）出具发行日期或原则性投资批准之日起3年内，建立或扩建研发/创新中心，总投资额至少为3万亿越南盾，且至少提款1万亿越南盾；或根据总理决定设立的国家创新中心；（2）在符合特殊投资激励条件的商业领域中，投资总额达30万亿越南盾或以上且自投资确认函（IRC）签发日期或原则性投资批准之日起3年内最低提款额达10万亿越南盾的投资项目。

（二）投资激励措施

越南的投资激励措施包括法律明确规定的激励措施和其他激励措施。

1. 法律明确规定的激励措施

越南政府2021年10月6日发布的第29/2021/QD－TTg号决定，即《关于特殊投资激励措施的决定》，规定了投资激励具体措施，包括降低企业所得税税率以及减免土地和地表租赁费。另外，越南2020年《投资促进法》和第31号法令、《2008年第14/2008/QH12号企业所得税法》（经修订）、《2008年第13/2008/QH12号增值税法》（经修订）、《第107/2016/QH13号进出口关税法》，规定了税收优惠措施。税收优惠通常采取税收减免期、税收减免额、加速折旧、增值税（VAT）免税和关税免税等形式。

越南没有以现金补助形式提供的财政激励措施。不过，根据《投资许可证》和第45/2013/QH13号《土地法》，会提供诸如减免或豁免土地租赁/使用费等其他财政激励措施。激励政策的目标在政府决议、总理决定以及其他类似类型的法律文件中有明确规定。该国没有公开可查、集中的政府来源或门户网站来列出向投资者提供的所有税收/财政激励措施。

2. 其他激励措施和计划

为了增加本地采购、促进技术转让以及改善外国投资者与国内供应商之间的信息交流，越南制订了一些激励措施和其他计划，以鼓励外国投资者增加本地采购，提升本地供应商（或潜在本地供应商）的能力，帮助其满足严格的采购要求，或者促进技术转让，这些激励措施和计划包括：（1）根据

《投资法》（第15.2条），在农村地区使用500名以上工人的投资项目有资格获得投资激励。（2）根据《企业所得税法》，企业向经济、社会条件特别困难地区的组织和个人转让技术所取得的收入，免征企业所得税。（3）根据《技术转让法》第49条，鼓励向经济、社会条件困难地区转让的技术包括高新技术、应用于遗传资源保护和开发的技术、植物品种和家畜品种的选择、培育和改良技术、清洁水源的生产、提取和高效利用技术以及水产养殖业的水处理技术等。（4）实施供应商发展计划，以更好地将本地供应商与跨国公司联系起来。越南工业贸易部成立了越南工业署，其职责是支持在越南建立有竞争力的供应基地，尤其侧重于过去外国直接投资流入较多的那些行业。根据《关于批准2016年至2025年支持工业发展计划》（第68号决定），政府设立了一个供应商发展计划，旨在发展三大支持工业领域：（一）零部件及配件；（二）纺织、服装和鞋革行业的支持工业；（三）高科技产业的支持工业。该计划的目标包括：（1）将本地供应商与出口市场和跨国公司相连接；（2）协助本地供应商应用符合全球产品标准的管理体系；（3）培训；（4）研发支持。

（三）资格标准和审批流程

税收和财政激励措施的资格标准在《投资法》、各类税收法律法规、《土地法》及其他相关法规中有明确规定。例如，《投资法》第15、第16、第17条，规定了有资格获得投资激励的投资项目类型；有资格获得投资激励的行业和区域；以及申请/授予投资激励的程序。

总体而言，获得税收/财政激励的审批流程并非自动完成，而是由国家主管部门根据具体情况逐案评估。《投资法》第17条规定，依据第15条第2款所明确的目标、投资指导方针的书面批准（如有）、投资登记证书（如有）以及其他相关规定，投资者应自行确定投资激励措施，并按照税务机关、财政机关、海关机关或其他主管机关针对每种投资激励措施所规定的程序申请享受投资激励。投资激励措施的审批程序通常在《投资法》、《土地法》、税收法规、海关法规以及其他与激励措施相关的法规中有明确规定[①]。

---

① World Bank Group. 2022 Investment Policy and Regulatory Review：Vietnam. 23-25.

四、印度尼西亚投资激励措施

（一）投资激励措施的适用条件与具体形式

印度尼西亚投资激励措施主要规定在 2007 年的第 25 号法律。该法规定了投资激励适用的条件和具体措施形式。

1. 投资激励措施的适用条件

根据 2007 年第 25 号法律第 18 条，印度尼西亚政府可以给予财政优惠。企业开展业务或进行新的资本投资，至少满足规定的其中一项标准，可获得财政优惠。这些标准包括：（1）雇用一定数量的工人；（2）在重点发展领域或基础设施建设方面进行投资；（3）开展技术转让、研发或"先锋产业"（具有广泛应用前景和战略价值的产业）；（4）设在偏远或欠发达地区；（5）保护环境；（6）使用国内的资本货物或机器设备；（7）与微型、小型或中型企业或合作社建立合作关系。

2. 投资激励措施的具体形式

2007 年的第 25 号法律第 18 条进一步规定，财政激励措施可采取以下形式，具体形式由财政部长颁布的条例予以规定：（1）在一定时期内，对达到一定投资水平的企业实行所得税减免；（2）对国内无法获得的进口资本货物、机器或设备免征或减征进口关税；（3）对在一定时期内且符合一定条件的生产用原材料或辅助材料实行进口关税减免；（4）在一定期限内，对进口的国内生产中无法获得的资本货物、机器或设备免征或暂停征收增值税；（5）加速折旧或摊销；（6）在土地和房产税方面给予减免，特别是针对某些行业或特定地区。第 21 条至第 24 条进一步规定，政府可向投资者提供其他非税收优惠和便利服务及/或许可，例如土地使用权、移民服务设施和进口许可证设施等。

（二）税收优惠的主要监管框架

印度尼西亚财政部已颁布多项法规，以落实 2007 年第 25 号法律第 18 条至第 24 条的规定的面向国内外投资者的税收优惠。税收优惠的主要监管框架包括以下内容。

（1）财政部部长第 130/PMK.010/2020 号条例《关于企业所得税减免（税收假期）的规定》（PMK-130）。

（2）2019 年第 78 号政府条例，关于对特定行业和/或特定地区投资的税收优惠。

（3）1983 年第 8 号《增值税和奢侈品销售税法》，经 2021 年第 7 号《税收法规协调法》最后一次修订。

（4）2015 年第 81 号政府条例（GR 81）《关于进口和/或交付某些免征增值税的战略应税货物》，该条例最近一次修订为 2020 年第 48 号政府条例。

（5）在 1995 年第 10 号法律（该法律最近一次修订为 2006 年第 17 号法律）中关于海关的规定。

（6）财政部部长第 176/PMK.011/2009 号条例，最近一次修订为第 188/PMK.010/2015 号条例，关于在资本投资框架内为促进或扩大工业而进口机器、货物和材料免征进口关税。

这些规定下可享有的税收优惠实例包括：对在先锋产业①进行符合条件的投资给予税收减免期和企业所得税减免；如果服务或商品符合某些规定的标准，则可享受增值税和关税减免。

（三）特定行业或地区投资激励措施

印度尼西亚政府发布的 2019 年第 78 号条例规定了在某些行业和/或地区投资的公司可享受的税收减免。获得税收减免的条件包括高额投资或出口、大量雇佣劳动力以及高比例本地成分。

1. 与出口相关的免税

财政部第 32/PMK.010/2019 号关于限制出口应税服务活动类型及适用增值税的规定（财政部第 32 号令）指出，如果满足特定条件，以下活动将适

---

① 印度尼西亚财政部长第 130/PMK.010/2020 号条例《关于企业所得税减免（税收假期）的规定》将以下行业列为对国家经济具有广泛和战略意义的"先锋产业"：上游基础金属；石油和天然气精炼厂；来自石油、天然气或煤炭的石化产品；来自农业、种植园或林业产品的有机基础化学品；无机基础化学品；药品原料；照射设备、电疗设备或电疗仪器；电子或远程信息处理设备的主要部件；机械及机械的主要部件；支持制造机械创建的机器人组件；发电厂机械的主要部件；机动车辆及机动车辆的主要部件；船舶的主要部件；列车的主要组成部分；飞机的主要部件以及支持航空航天工业的活动；以农业、种植园或林业为基础的生产纸浆的加工；经济基础设施；和数字经济发展涵盖数据处理、托管及相关活动。

用0%的增值税税率：（1）与将动产货物出口至海关区域以外使用相关的活动；（2）与位于海关区域之外的不动产相关的活动；（3）除上述第（1）点和第（2）点所述活动之外，通过以下方式将活动结果用于海关区域之外的活动：a. 直接或间接送达，包括通过邮寄和电子方式送达；b. 在海关区域之外使用的通行权的提供。

2. 特定行业的公共服务价格优惠

对于国内外投资公司，有若干旨在提供财政激励的法规，例如通过降低某些行业的天然气和电力价格来降低生产成本。例如，在天然气领域，2016年第40号总统令（《关于确定某些行业天然气价格》）以及2016年第16号能源和矿产资源部长令（《关于确定某些天然气价格和用户的指导方针》）允许某些使用天然气的行业（例如钢铁、陶瓷、石化等）以优惠价格购买天然气。该激励措施需满足若干条件，其中包括获得工业部长的推荐。同样，在电力领域，2016年第28号能源和矿产资源部长令（《印尼国家电力公司（Persero）提供的电价》）规定了特定行业的电价以及印度尼西亚某些经济特区的电价。

3. 给予特定目标的税收优惠

2019年第45号政府条例为印度尼西亚公司提供税收优惠，旨在：（1）鼓励对劳动密集型产业的投资；（2）促进印度尼西亚创造就业机会；（3）鼓励企业参与培养高素质人力资源；（4）增强竞争力；（5）鼓励企业在本国开展研发活动。

4. 经济特区的激励措施

2009年《经济特区法》为设在经济特区内的公司提供了激励措施。例如，可通过由国家或地区政府预算资助的公共利益土地征用方案获得一块土地。

（四）促进国内企业与外国投资者建立联系的激励措施

印度尼西亚2007年第25号法律第18条第3款规定，如果资本投资涉及技术转让，或者投资于使用国内资本货物、机器或设备的行业，政府可向投资者提供激励措施。另外，根据2015年《对特定行业和/或特定地区投资的税收优惠》，对于本地成分高或大量吸纳印尼劳动力的资本投资，投资者（无论是国内投资者还是外国投资者）均可享受一定的税收优惠。

（五）资格标准和审批流程

印度尼西亚给予投资者税收/财政激励的条件是满足特定标准。如果激励措施在已公布的法律/法规中有规定，那么资格标准通常也在同一法律/法规中列出。获得税收/财政激励的审批流程并非自动完成。申请人在该国开展商业活动之前，必须通过 OSS 系统申请激励措施，OSS 系统会通知投资者其是否符合激励措施的条件。在投资者收到满足要求的通知后，必须通过 OSS 系统提交相关证明文件。激励措施由税务总局局长代表财政部长与 BKPM 以及拟投资行业主管部门协商后授予①。

五、巴西的投资激励措施

巴西在联邦、州和市各级提供税收激励框架，以促进对本国战略部门和指定地区的投资。激励措施列于多项法律、法令和官方公告中。这些激励措施面向国内外投资者。主要内容包括以下几点。

（一）主要激措施

1. 税收优惠

（1）自由贸易区的优惠措施。在巴西北部亚马孙盆地的亚马孙州，有一个涵盖马瑙斯市及其周边地区的自由贸易区（马瑙斯自由贸易区—ZFM），在此区内可享受税收优惠。马瑙斯自由贸易区内的主管机构（马瑙斯自由贸易区管理总局—SUFRAMA）有权决定向有意在该地区开展业务的公司提供税收优惠。例如，2001 年第 2199 号临时措施规定了适用于在亚马孙地区（包括亚马孙自由区）设立的法人实体的企业所得税激励措施。该法律对位于亚马孙州开发署（SUDAM）管辖范围内、从事制造业活动的设立、改进、现代化和多样化相关项目的公司，在 10 年内给予 75% 的企业所得税减免。此外，这些公司可能还享有其他税收优惠，包括：进口关税减免、在当地采购原材

---

① World Bank Group. 2022 Investment Policy and Regulatory Review: Indonesia. 28-31.

料和销售制成品时免征联邦消费税、州增值税（ICMS）的假定抵免、[①] 进口商品免征社会融合计划和社保缴费（PIS/COFINS）。

（2）加速折旧的激励措施。巴西法律提供了一些与加速折旧相关的激励措施，旨在增加对某些特定行业或活动的投资。《所得税条例》（第9580号法令/2018年）最近整合了可享受加速折旧的活动（第324条至第329条）。《所得税条例》中列出的部分活动有：研发及技术创新设备，农村活动用设备，辆车、货车和机车被指定为固定资产。

（3）战略性行业的税收优惠措施。巴西针对某些战略行业提供税收优惠，例如针对港口行业的"REPORTO"制度。该制度由第11033/04号法律设立，旨在降低获准经营港口码头的公司所承担的成本。现行法律规定，REPORTO优惠措施适用至2020年12月31日。该激励制度适用于从事港口相关活动的实体，例如港口运营商、特许经营商、疏浚公司等。REPORTO的受益者有权进口或在本地市场购买第6582/08号法令附件一和附件二所列的固定资产，同时暂停缴纳联邦税款。这些资产必须用于该法律第14条所列的活动，例如在港口区域内装卸、储存和搬运货物。以下联邦税在进口/本地采购时予以免除：（1）进口税（Ⅱ），仅适用于在巴西没有类似商品的货物；（2）联邦消费税（IPI）；（3）社会贡献税（PIS/COFINS）。此外，圣保罗州的州增值税（ICMS）立法还规定，REPORTO受益人在州内进行的货物流出以及进口货物均免征ICMS。

（4）技术创新领域的税收优惠。这些优惠措施主要包括：①巴西第11196/05号法律为在技术创新领域进行研发投资的公司提供了税收优惠。②根据《信息技术法》（《信息法》），在信息和科技研发领域进行投资的硬件和自动化公司可获得消费税减免。要享受此项优惠，产品的NCM/SH（协调编码）必须在第5.906/2006号法令所列的合格产品范围内。该优惠有效期至2029年，涵盖所有在巴西生产的信息技术硬件和自动化产品。对于位于南部和东南部地区的工业工厂，消费税减免比例为70%，而对于其他地区（北

[①] 大多数ICMS激励措施适用于诸如药品和"基本月度食品篮"（基本食品供应）中所包含的食品等必需品。根据《联邦宪法》第155条第2款第Ⅻ项"g"目以及第24/1975号补充法，ICMS激励措施应通过州际协议授予，并经国家财政政策委员会（CONFAZ）批准后方为有效。然而，某些州在2018年之前单方面给予的税收优惠，在第160/2017号补充法经第186/2021号补充法修订后，已获得CONFAZ的认可。

部、东北部和中西部），减免比例为85%。③2018年12月11日制定的第13755号法律引入了"Rota 2030"计划，该计划在五年内提供以下主要税收优惠，旨在支持巴西汽车行业的技术发展、创新、环境保护和质量提升：一是对符合特定能效及其他性能指标要求的车辆，其进口环节增值税（IPI）税率降低1%或2%；二是对在巴西发生的研发支出给予额外的企业所得税减免，减免额度相当于研发支出的30%至45%的34%（《2030年国家工业、创新和技术政策》）；三是对用于汽车产品制造的进口零部件（在国内无同类产品可用的情况下）免征进口关税。

在巴西，为增加本地采购提供了一些激励措施。例如，向非居民受益人支付的技术转让费需承担高额税负。政府此举旨在激励巴西国内的技术发展。总体而言，巴西提供的许多税收优惠旨在鼓励投资者从本地供应商处采购，而非进口。进口货物在进入巴西时可能面临高额税负。

2. 财政激励

（1）专项融资激励。巴西国家开发银行为购置在巴西制造的新机器和新设备提供融资（FINAME）（第55275号法令/1964年和第59170号法令/1966年）。通过FINAME获得融资的机器或设备必须符合有关进口成分的一定限制条件。在巴西，联邦各州的银行可能会根据政府机构的赞助提供利率较低的专项信贷额度（例如，巴西国家经济社会发展银行的贷款以及商品生产和出口计划）。圣保罗州的"圣保罗创新"计划就是一个激励项目，该州为利润在一定额度（例如，不超过3亿雷亚尔）以下且投资于技术项目的公司提供专项信贷额度。此外，该计划还包括一个针对利润在一定区间（例如，360万—580万雷亚尔）的初创企业和创新公司的投资基金。

（2）综合财政激励。PAT（员工营养计划）是巴西政府与企业和工人合作推出的一项举措，旨在为低收入员工提供服务。这包括那些收入低于五倍最低工资的工人。符合这些条件的企业有资格享受某些财政优惠，比如免除提供营养品价值的社会贡献，以及财政激励措施，或者在15%的所得税税率中扣除高达4%的部分。

（二）资格标准和审批流程

在巴西，给予外国（和国内）投资者税收和财政激励的条件取决于满足某些标准。如果激励措施在已公布的法律/法规中有所规定，那么资格标准通常也在同一法律/法规中列出。获得税收/财政激励的审批过程并非自动完成。申请人须向相关监管机构提交必要的详细资料,以证明其有资格获得所申请的激励措施①。

六、墨西哥投资激励措施

墨西哥的投资激励制度对国内投资者和外国投资者一视同仁。不对外国投资者单独给予特殊的税收、财政激励或优惠。

(一) 主要投资激励措施

墨西哥的投资激励措施以税收优惠为主,内容主要包括以下几点。

1. 特定行业的税收优惠

在巴西的某些行业,如电影和戏剧项目、农业、畜牧业、渔业和木材业的投资,有资格享受特殊的税收优惠。墨西哥《所得税法》规定了纳税人根据其主要经济活动可使用的联邦税收优惠。联邦层面不提供非税收优惠。大多数地区性优惠已逐渐被废除。州和地方政府可在其管辖范围内提供某些优惠。

2. 外商直接投资的特定优惠

外国直接投资(FDI)可能有资格享受以下类型的联邦税收优惠,具体取决于投资的性质和规模:(1)全额或部分减免企业所得税(即税收优惠期或较低税率)。所有允许的所得税扣除项目均在财政部和公共信贷部(财政部)每年发布的《税务行政指南》以及《所得税法》中有明确规定。允许在税基上进行减免,但不允许在税率上减免。同样,行政法令包括"促进制造业、装配业和出口服务行业发展的法令"中包含的 IMMEX(出口服务)等项目;(2)基于绩效的激励措施(例如,补贴和加速折旧)。财政部根据政策目标通过每年发布的《联邦收入法》和《税务行政指南》制定加速折旧和行业特定激励措施的规则。同样,经济部依据墨西哥官方标准(NOMs)和墨西哥自愿标准(NMXs)发布不同的法令来规范质量标准认证,并据此提供激励措施。

---

① World Bank Group. 2022 Investment Policy and Regulatory Review:Brazil. 21 – 23.

3. 增值税（VAT）免税和/或减税

财政部通过每年发布的《增值税法》和《税务行政指南》公布允许的免税、适用0增值税率或减税的情况。

4. 关税豁免和/或减免

《进口和出口一般税法》（Ley de los Impuestos Generales de Importacióny Exportación）和《海关法》（Ley Aduanera）中包含了关税的例外情况。此外，墨西哥已与50多个国家签署了贸易和投资协定，在许多情况下，这些协定中都包含特定的例外条款。

5. 其他相关的激励措施

墨西哥国家科学技术委员会（CONACyT）是负责推动墨西哥研发工作的政府机构，其正在运作多项财政支持计划（如 INNOVAPYME、PROINNOVA、INNOVATEC），以促进侧重于绿色理念、创造就业机会、创新和附加值的研发项目。如果研发和技术培训工作在本地开展，还可从政府获得特定的税收抵免。墨西哥所得税法规定，符合条件的公司可就其在墨西哥开展的研发活动（包括工艺和设计）所产生的研发费用获得30%的税收抵免。另外，许多州为投资者在当地设立/开展业务提供税收/财政激励措施，例如：（1）减免包括财产税和工资税在内的地方税；（2）向某些生产性项目捐赠未开发土地；（3）为当地员工支付培训费用。任何希望获得当地激励措施的外国投资者均可就具体个案与当地主管部门直接协商。

这些激励措施通常与财政部每年通过《杂项财政规则》公布的既定政策目标相关联。这些规则是每年发布的《收入法》（Ley de Ingresos）的一部分，其中包含财政部在每个财政年度的税收征管和税法实施方面的政策和目标，以及税收征管的模型和预测。此外，财政部每年还会发布具体的经济标准，包括当年的经济预测，以及这些预测如何影响联邦政府的增长和支出（《2019财政年度联邦收入法提案和支出预算草案的一般经济政策标准》）。

（二）资格标准和审批流程

墨西哥联邦层面提供的税收优惠基于特定行业法规以及《联邦税法》和《所得税法》及《增值税法》中规定的客观资格标准。《财政税法》和每年发布的《财政杂项规则》（Resolucion Miscelanea Fiscal）包含不同行业和部门获取税收优惠的规则。税收优惠并非自动适用于投资。通常，它们取决于相关资格标准的满足情况,并需经过审批程序。在税务管理局网站上维护着一份获得税收优惠的企业和国有企业的集中登记册①。

第四节 自贸区外商投资激励现状及完善

一、国家层面的投资激励规则

《中华人民共和国外商投资法》第14条规定,"外国投资者、外商投资企业可以依照法律、行政法规或者国务院的规定享受优惠待遇"。第18条规定,"县级以上地方人民政府可以根据法律、行政法规、地方性法规的规定,在法定权限内制定外商投资促进和便利化政策措施"。这里的投资促进措施包含投资激励措施。国务院制定的《外商投资法实施条例》细化了以上两条款规定的内容。一是将享受的优惠待遇具体化为财政、税收、金融、用地等方面,明确以投资收益再投资,同样享受待遇;二是明确地方政府在制定费用减免、用地指标保障、公共服务提供方面制定投资促进与便利化措施的权利。

从国家层面的投资激励规则内容来看,基于我国长期由各个地方政府自主采取投资激励措施吸引外商投资的经历,我国虽然允许县级以上政府采取投资激励措施,但必须在法律、行政法规或者国务院的规定的范围之内,且制定投资激励措施必须具有相应的法定权限。

二、区域层面的投资激励规则

我们仍然以《上海市外商投资法条例》和《深圳经济特区外商投资》为例,区域层面的外商投资激励规则主要内容包括:其一,明确外商投资激励的依据是《鼓励外商投资产业目录》及法律法规的规定,并确认获得优惠的程序;其二,明确优惠的内容是财政、税收、金融、用地等优惠待遇;其三,对引进符合产业发展的外资项目给予奖励;其四,建立招商工作激励措施,

---

① World Bank Group. 2019 Investment Policy and Regulatory Review:Mexico. 19–20.

将招商成果、服务成效等纳入考核激励；其五，给予创新领域投资优惠政策。

三、自贸区投资激励法律制度及其不足

从国际经贸规则及国内的国家与区域层次的投资激励规则来看，投资激励措施是国家或区域可以采取的促进投资的一种方式，但投资激励措施不能成为外商投资自由化的障碍。参照不同层次的规则，中国自贸区有关外商投资激励法律制度存在如下不足。

1. 缺乏明确的外商投资激励适用的领域范围

正如上文所述，在高水平对外开放战略需求下，通过投资激励措施吸引外商投资仍然是必不可少的途径。自贸区需要通过投资激励措施吸引外资，首先应当通过地方性规则明确确定外商投资激励所适用的领域。各个自贸区除需要根据《鼓励外商投资产业目录》所确定的领域之外，还应当结合本区域的实际情况，依据法律、法规及国务院规章的规定确定鼓励激励的投资范围。

2. 缺乏外商投资激励适用的方式和程序

依据上文所述国际规则及国际实践，金融激励、财政激励等方面的措施都是自贸区促进外商投资可以选择的方式。但我国各自贸区的法律制度并没有根据具体情况确定可以采取的激励方式，也没有规定外商投资获得激励的程序，而这些与外商投资能否得到不歧视待遇及是否服务透明度要求密切相关。

3. 缺乏投资激励措施的审查机制

自贸区层次的外商投资激励措施不仅有可能在不同自贸区之间形成"逐底竞争"，也可能存在内外资及外资之间的歧视。研究表明，自贸区的规则创新也容易与履行国际经贸规则规定的条约义务产生冲突。因此，自贸区法律规则需要建立投资激励措施的审查机制，以实现在投资激励方面与RCEP、CPTPP的对接，不对投资自由化造成障碍。

四、中国自贸区投资激励制度体系的创新与完善

基于以上对国际经贸规则及不足之处的分析，中国自贸区需要通过地方

性立法,从以下几个方面完善投资激励规则体系。

(一) 确定外商投资激励措施适用的领域范围

正如前文所述,外商投资激励对中国各个自贸区的建设仍然具有重要意义。自贸区需要通过地方性的法规或规章,根据《鼓励外商投资产业目录》规定的产业领域,结合本区域的具体情况,以及自贸区建设整体要求,确定外商投资激励的适用范围。例如,根据本区域的经济基础和特色发展,可以将科技创新产业、新能源产业、文化产业、航空经济产业、装备制造业等领域明确为投资激励适用的领域范围,促进外商投资发展。

(二) 确定外商投资激励的适用方式与程序

自贸区应当根据不同领域的特点及要求,采取最为适当的投资激励方式。自贸区应当通过地方性立法或制定规范性文件,明确适合用金融激励或财政激励的条件和标准。例如,自贸区可以根据实际情况采取补助、贷款等金融激励措施,或是税收优惠等财政激励措施。自贸区规则还需要根据投资自由化便利的要求制定投资激励申请、审核、决策等相关制度。

(三) 建立外商投资激励审查机制

根据相关的国际经验,自贸区应当建立外商投资激励审查制度,这是协调不同自贸区之间规则竞争的方式,也是自贸区规则对标国际规则的主要内容。为此目的,需要首先建立有政府和专家学者参与的外商投资激励审查机构;其次明确审查的主要内容包括投资激励是否违反我国参加的投资性条约的一般性要求,例如国民待遇、禁止业绩要求、透明度等内容;最后编制外商投资激励措施指南供自贸区各级政府参考适用。

本章小结

从实践来看,各国仍然采取较多的投资激励措施促进外商投资,这些措施一般包括金融激励、财政激励、监管激励三类。国际经贸规则并没有将投资激励措施作为促进投资的重点,但允许各国采取各类投资激励措施。国家在采取投资激励措施时应当遵守国际经贸规则中待遇标准、透明度要求、竞争、可持续发展等条款内容。中国自贸区需在对接国际经贸规则的基础上，建立外商投资激励机制。

参考文献

一、著作

[1] [葡]安娜·特蕾莎·塔瓦雷斯-莱曼,等.重新思考投资激励:趋势和政策选择[M].冯军,伍德龙.上海:上海人民出版社,2020.

[2] 邓婷婷.国际投资协定中的公平与公正待遇研究[M]北京:法律出版社,2017.

[3] 冯圆.制度型开放背景下自贸试验区环境保护机制与实施路径研究[M].北京:清华大学出版社,2022.

[4] 李大伟.制度型开放问题研究[M].北京:中国言实出版社,2023.

[5] 陆剑宝.中国自由贸易试验区制度创新体系理论研究[M].广州:中山大学出版社,2018.

[6] 罗培新.世界银行营商环境评估:方法·规则·案例[M]南京:译林出版社,2020.

二、论文

[1] 鲍怡婕."投资便利化"的明晰及对中国的参与建议[J].国际经济法学刊,2018(4):61-72.

[2] 陈琪,管传靖,金峰.规则流动与国际经济治理——统筹国际国内规则的理论阐释[J].当代亚太 2016(5):12-21.

[3] 程进.外商投资激励与投资促进的比较与启示[J].南京财经大学学报,2005(5):37-39,66.

[4] 达潭枫.以制度型开放创新为核心高标准高质量推进中国(新疆)自贸试验区建设[J].新疆社会科学,2024(1):97-106,165.

[5] 道·彬巴道尔吉.蒙古国外商投资鼓励与保护制度研究[D].北

京：北京交通大学，2022.

［6］龚柏华，朱嘉程．论中国企业境外投资立法基本原则［J］．社会科学，2022（10）：182-192.

［7］顾天杰．公平公正待遇限制下的国内法：对绝对待遇标准的再反思［J］．国际经济法学刊，2023（3）：143-156.

［8］郭贝贝，董小君．新发展格局下制度型开放的逻辑、内涵和路径选择［J］．行政管理改革，2022（4）：76-84.

［9］郭澄澄．制度型开放引领高质量发展——基于规则、规制、标准和管理开放的视角［J］．理论探索，2024（1）：121-128.

［10］国家发展改革委对外经济研究所课题组．中国推进制度型开放的思路研究［J］．宏观经济研究，2021（2）：125-135，148.

［11］韩钰，苏庆义，白洁．上海自贸区金融改革与开放的规则研究——阶段性评估与政策建议［J］．国际金融研究，2020（8）：46-55.

［12］胡关子．欧盟标准化战略的政策背景、内容分析及对我国的启示［J］．标准科学，2022（4）：6-13.

［13］胡海涛，刘玲，董婷婷．竞争中立视野下国有企业法律治理研究［J］．河北科技大学学报（社会科学版），2021，21（1）：29-36.

［14］江锦凡．外国直接投资在中国经济增长中的作用机制［J］．世界经济，2004（1）：3-10.

［15］金观平．更好发挥自贸试验区示范作用［N］．经济日报，2023-09-27.

［16］金艳清．FDI对中部地区产业升级的影响研究［D］．南昌：南昌大学，2012.

［17］李俊峰．公平竞争自我审查的困局及其破解［J］．华东政法大学学报，2017，20（1）：118-128.

［18］李磊，刘斌，王小霞．外资溢出效应与中国全球价值链参与［J］．世界经济研究，2017（4）：13，43-58.

［19］李墨丝．区域服务贸易自由化的新趋向——基于GATS和NAFTA类型协定的比较［J］．上海对外经贸大学学报，2015（3）：5-16，56.

［20］刘向东．对接CPTPP完善中国竞争规则基础制度的建议［J］．全球化，2022（4）：93-101，135.

［21］卢均晓，高少丽. 实质竞争中立研究［J］. 价格理论与实践，2019（6）：33-38，174.

［22］罗培新. 优化营商环境，就是优化制度规则［N］. 中国市场监管报，2020-11-05（004）.

［23］朴雪. 外商投资促进法律制度研究［D］. 延吉：延边大学，2020：19.

［24］齐湘泉，姜东. 国际投资争端解决中的透明度原则［J］. 学习与探索，2020（2）：76-82.

［25］秦庆. 全球价值链重构背景下中国引进外资的挑战、机遇与策略［J］. 对外经贸实务，2020（8）：85-88.

［26］桑秀国. 利用外资与经济增长——一个基于新经济增长模型及对中国数据的验证［J］. 管理世界，2002（9）：53-63.

［27］石静霞. 国际贸易投资规则的再构建及中国的因应［J］. 中国社会科学，2015（9）：128-145，206.

［28］田云华，王凌峰，张建武. 中国利用外资形式对区域经济增长的影响［J］. 经济社会体制比较，2020（3）：28-39.

［29］汪青松，邱欢. 世行宜商环境评估体系下的公司资本形成制度变革［J］. 投资者，2024（1）：32-50.

［30］王立武，杨柳. 双边投资协定对知识产权国际保护制度的影响及对策［J］. 电子科技大学学报（社科版），2013（6）：47-54.

［31］王习农. 论投资促进的实践与理论发展［J］. 商业时代，2007（8）：4-7.

［32］王晓红. 加入CPTPP：战略意义、现实差距与政策建议［J］. 开放导报，2022（1）：7-21.

［33］魏红征. 法治化营商环境评价指标体系研究［D］. 广州：华南理工大学，2019.

［34］习近平. 当前经济工作的几个重大问题［J］. 求是，2023（3）：4-6.

［35］熊芳，童伟伟. 新时代我国制度型开放变革的进展与进路［J］. 经济学家，2024（1）：99-107.

［36］许柏，杜东博，刘晶，等. 日本标准化战略发展历程与最新进展［J］. 标准科学，2018（10）：6-10.

［37］殷继国．强化竞争政策基础地位何以实现——基于竞争政策与其他经济政策协调的视角［J］．法学，2021（7）：113-129．

［38］余贺伟．国际贸易形式变化与全球贸易法治：从 WTO 到 TPP［J］．亚太经济，2016（6）：43-49．

［39］张方波．中国自贸试验区金融制度创新的成效、经验与促进对策［J］．经济纵横，2024（7）：75-84．

［40］张磊，徐琳．更高标准经贸规则对上海探索建设自由港的启示［J］．国际商务研究，2020（5）：86-95．

［41］张庆麟．国际投资协定中的投资促进措施及其规制［J］．政法论丛，2022（2）：30-42．

［42］钊阳，桑百川．对标高标准国际经贸规则优化外商投资制度环境［J］．国际贸易，2019（10）：19-26．

［43］钊阳．对标高标准国际经贸规则路径研究［D］．北京：对外经济贸易大学，2022．

［44］郑和园．公平竞争审查制度中自我审查的理论逻辑及实践路径［J］．价格理论与实践，2017（12）：31-34．

［45］钟立国．从 NAFTA 到 TPP：自由贸易协定竞争政策议题的晚近发展及其对中国的启示［J］．武大国际法评论，2017，1（6）：98-114．

［46］庄智一．上海标准制度型开放对策建议研究［J］．标准科学，2024（6）：60-64，80．

［47］Eleanor M. Fox, Toward World Antitrust and Market Access［J］．American Journal of Internation-al Law, 1997：3-4．

［48］Fisher, P. 2004. "The Fiscal Consequences of Competition for Capital." Conference Paper, Humphrey Institute of Public Affairs, University of Minnesota, Minneapolis, February.

［49］Horn, Henrik, Petros, C. Mavroidis and Andre Sapir. Beyond the WTO? An Anatomy of EU and US Preferential Trade Agreements［J］．World Economy, 2010, 33（11）．

［50］Parker, D., Y. F. Zhang, and C. Kirkpatrick. "Electricity Sector Reform in Developing Countries：An Econometric Assessment of the Effects of Privatization, Competition and Regulation." Journal of Regulatory Economics, 2008, 33

(2): 159 – 178.

三、报告

［1］OECD. Checklist for Foreign Direct Investment Incentive Policies, 2003.

［2］OECD. Checklist for Foreign Direct Investment Incentive Policies, 2003. 12.

［3］OECD. How to Score: Measuring Sustainability in Investment Promotion, 2022.

［4］OECD. Investment Promotion and the Digital Economy: a Comparative Analysis of Investment Promotion Practices Across the OECD, 2021.

［5］OECD. OECD survey on investment promotion and digitalisation, 2021.

［6］OECD. Policy Framework for Investment A Review of Good Practices, 2006.

［7］OECD. Policy Framework for Investment, 2006.

［8］OECD. The Interface between Competition and Consumer Policies, 2008.

［9］OECD. Together or Apart: Investment Promotion Agencies' Prioritisation and Monitoring and Evaluation For Sustainable Investment Promotion, 2021.

［10］The World Bank. Global Investment Competitiveness Report 2019/2020: Rebuilding Investor Confidence in Times of Uncertainty.

［11］The World Bank. Strengthening Service Delivery of Investment Promotion Agencies, 2020.

［12］UNCTAD. Fair and Equitable Treatment, Series on Issues in International Investment Agreement, 1999.

［13］UNCTAD. Investment Facilitation: A Review of Policy Practices, 2017.

［14］UNCTAD. Investment Facilitation: The Perfect Match for Investment Promotion, 2017.

［15］UNCTAD. Policy Advocacy in Investment Promotion, 2006.

［16］WAIPA. IPA Toolbox: A practical guide to support Investment Promotion Agencies, 2022.

［17］World Bank Group. 2019 Investment Policy and Regulatory Review: Mexico. 19 – 20.

［18］World Bank Group. 2022 Investment Policy and Regulatory Review: Brazil. 21 – 23.

［19］World Bank Group. 2022 Investment Policy and Regulatory Review: Indonesia. 28 – 31.

[20] World Bank Group. 2022 Investment Policy and Regulatory Review：Vietnam. 23 – 25.

[21] WTO. Joint Statement on Investment Facilitation for Development，2021.

四、法律、法规、规章与国际条约

[1]《中华人民共和国海南自由贸易港法》(2021 年 6 月)。

[2]《外商投资法实施条例》(2020 年 1 月)。

[3]《上海市外商投资条例》(2020 年 9 月)。

[4]《广东省外商投资权益保护条例》(2022 年 1 月)。

[5]《深圳经济特区外商投资条例》(2022 年 8 月)。

[6]《大连市外商投资促进条例》(2023 年 8 月)。

[7]《江苏省促进和保护外商投资条例》(2023 年 9 月)。

[8]《北京市外商投资条例》(2024 年 5 月)。

[9]《江苏省促进和保护外商投资条例》(2023 年 9 月)。

[10]《中国（河南）自由贸易试验区条例》(2021 年 4 月)。

[11]《公平竞争审查条例》(2024 年 8 月)。

[12]《海南省法治社会建设实施方案（2021—2025 年)》(2021 年 9 月)。

[13]《福建省促进公平竞争条例》(2024 年 9 月)。

[14]《上海市优化营商环境条例》(2020 年 4 月)。

[15]《深圳经济特区优化营商环境条例》(2020 年 10 月)。

[16]《制止滥用行政权力排除、限制竞争行为规定》(2023 年 4 月)。

[17]《禁止垄断协议规定》(2023 年 4 月)。

[18]《禁止滥用市场支配地位行为规定》(2023 年 4 月)。

[19]《经营者集中审查规定》(2023 年 4 月)。

[20]《上海市人民代表大会常务委员会关于修改〈上海市优化营商环境条例〉的决定》(2023 年 11 月)。

[21]《中国（上海）自由贸易试验区条例》(2014 年 7 月)。

[22]《海南自由贸易港市场主体注销条例》(2021 年 12 月)。

[23]《中国（重庆）自由贸易试验区条例》(2019 年 9 月)。

[24]《海南自由贸易港企业破产程序条例》(2021 年 12 月)。

[25]《上海市人民代表大会常务委员会关于修改〈上海市优化营商环境

条例〉的决定》（2024 年 9 月）。

[26]《中国（山东）自由贸易试验区条例》（2020 年 9 月）。

[27]《中国（江苏）自由贸易试验区条例》（2021 年 1 月）。

[28]《中国（福建）自由贸易试验区管理办法》（2015 年 2 月）。

[29]《江苏省优化营商环境条例》（2020 年 11 月）。

[30]《中国（河北）自由贸易试验区条例》（2020 年 9 月）。

[31]《最高人民法院关于印发〈最高人民法院"一站式"国际商事纠纷多元化解决平台工作指引（试行）〉的通知》（2024 年 6 月）。

[32]《中华人民共和国政府采购法》（2002 年 6 月）。

[33]《中国（广东）自由贸易试验区条例》（2016 年 5 月）。

[34]《中华人民共和国标准化法》（2018 年 1 月）。

[35]《政府采购协议》（2014 年 7 月）。

[36]《中华人民共和国外商投资法实施条例》（2020 年 1 月）。

[37]《贵阳市关于鼓励利用外资的若干措施（试行）》（2021 年 6 月）。

[38]《扎实推进高水平对外开放更大力度吸引和利用外资行动方案》（2024 年 2 月）。

[39]《中国（云南）自由贸易试验区管理办法》（2020 年 3 月）。

[40]《印度尼西亚共和国 2007 第 25 号投资法》。

[41]《中国与新西兰自由贸易协定》（2008 年 4 月）。

[42]《中国与韩国自由贸易协定》（2015 年 12 月）。

[43]《全面与进步跨太平洋伙伴关系协定（CPTPP）》（2018 年 12 月）。

[44]《中欧投资协定（CIA）》（2020 年 12 月 30 日谈判完成）。

[45]《区域全面经济伙伴关系协定（RCEP）》（2020 年 11 月）。

五、参考网站

[1] 中国政府网. https：//www.gov.cn.

[2] 安徽省招标投标信息网. http：//www.ahtba.org.cn.

[3] 国家标准化管理委员会网. https：//www.sac.gov.cn.

[4] 上海市青浦区人民政府网. http：//www.shqp.gov.cn.

[5] 荆州市商务局网. http：//swj.jingzhou.gov.cn.

[6] 广东省政府网. http：//www.gd.gov.cn.

[7] 浙江商务公众号. https：//mp.weixin.qq.com/s?__biz=MzAxNTE2

MzAwNQ = = &mid = 2651438893&idx = 3&sn = 25234c57a3dfca5e3cbb80152299ef16&chksm = 818e8bb91b36922a3eb346ea9140a0cd1f889d8c47d2899607d5519c4f502dd73f70f3a66380&scene = 27.

[8] 浙江自贸公众号. https：//mp. weixin. qq. com/s? __biz = MzI2MDYxMzUxMg = = &mid = 2247584957&idx = 2&sn = d624b5d2025cba74b348de3a8ba0ecc3&chksm = ebe2e6be740ca01f8f51d3266c27d0f4ca0651a4564e391de8d88c19fc1c55f135f49254045b&scene = 27.

[9] 阿拉甬关公众号. https：//mp. weixin. qq. com/s? __biz = MzA5Mzg0NzUzNw = = &mid = 2651945431&idx = 1&sn = 2234a76837731c413db02d0117889660&chksm = 8a9ffe191f180ac3f7a01f202a6371b374b479bfec638a3171c689f274571a2ab608fa986faf&scene = 27.

[10] 苏州工业园区发布公众号. https：//news. qq. com/omn/author/8QMZ2X9V74UYuzs%3D.

[11] 苏州园区规划建设公众号. https：//mp. weixin. qq. com/s? __biz = MzIyNjU2MTY1Mg = = &mid = 2247521352&idx = 1&sn = 652727537c449c998a46701b42e7c2ce&chksm = e86c4f53df1bc64528db3e34e931abfddbbb7f45d8f306eba25205520a6aaf353697f7dca1ce&scene = 27.

[12] 中国国际贸易促进委员会浙江省委员会网. http：//www. ccpitzj. gov. cn.

[13] 中国（杭州）知识产权·国际商事调解云平台. https：//hzzcss. tiaojiecloud. com.

[14] 中国（广西）自由贸易试验区南宁片区网. http：//nnwxxq. gxzf. gov. cn.

[15] 网易新闻. https：//www. 163. com.

[16] 东方财富网. https：//www. eastmoney. com.

[17] 中华人民共和国商务部. https：//gjs. mofcom. gov. cn.

[18] 商务部投资促进事务局网. http：//www. cipainvest. org. cn.

[19] 河南省投资促进网. http：//hninvest. org. cn.

[20] 国家市场监督管理总局竞争政策协调司. https：//www. sac. gov. cn.

[21] 上海市青浦区市场监督管理局网. http：//www. shqp. gov. cn.

[22] Organization for Economic Co - operation and Development. https：//www. oecd. org.

[23] World Bank. https：//www. worldbank. org.